# 中国近现代史纲要实践教程


主　编　陈　坚　许金华　张立平
董　艳
副主编　程宇昌　阎建锋　宋　娜
陈松杰　李守琴　范会平


中国言实出版社

**图书在版编目（CIP）数据**

中国近现代史纲要实践教程 / 陈坚等主编. —2版
.— 北京：中国言实出版社，2022.1
ISBN 978-7-5171-4013-9

Ⅰ. ①中… Ⅱ. ①陈… Ⅲ. ①中国历史—近现代—高等学校—教学参考资料 Ⅳ. ①K25

中国版本图书馆CIP 数据核字（2022）第016235号

**中国近现代史纲要实践教程**

责任编辑：崔文婷
责任校对：薛 磊

中国言实出版社出版发行
地址：北京市朝阳区北苑路180号加利大厦5号楼105室（100101）
编辑部：北京市海淀区花园路6号院B座6层（100088）
电话：64924853（总编室） 64924716（发行部）
网址：www.zgyscbs.cn
E-mail：zgyscbs@263.net

经销：新华书店
印刷：廊坊市广阳区九洲印刷厂
版次：2022年3月第1版 2022年3月第1次印刷
规格：787毫米×1092毫米 1/16 11.5印张
字数：151千字

定价：38.00元
书号：ISBN 978-7-5171-4013-9

习近平总书记指出，做好高校思想政治工作，要因事而化、因时而进、因势而新，要遵循思想政治工作规律，遵循教书育人规律，遵循学生成长规律，不断提高工作能力和水平。为贯彻落实习近平总书记的重要指示精神和教育部关于加强高校思想政治理论课实践教学的相关要求，充分发挥思想政治课在培育中国特色社会主义事业的建设者和接班人方面的主要渠道作用，推动广大青年学生养成乐于并善于实践的优秀品质，锻炼和提高广大青年学生社会实践的能力，我们编写了这部《中国近现代史纲要实践教程》。

本书严格按照最新的“中国近现代史纲要”课程教学大纲，组织专业团队精心编写。其内容涵盖了“中国近现代史纲要”课程的主要知识点，并在此基础上进行了延伸和拓展，以丰富学生的课外知识。同时，本书每章均分为六大板块，依次为“本章导学”“知识框架”“内容梳理”“课后实践”“拓展阅读”“巩固测验”。既明确了教学大纲的教学目标和教学内容，又强化了教学大纲的实践性和趣味性，从而更好地引导学生树立正确的历史观，坚定中国特色社会主义道路自信、理论自信、制度自信、文化自信，自觉投身于中国特色社会主义事业。

本书在编写过程中，既兼顾了实践教程的普遍性特点，又注重形成自身的鲜明特色。其突出特点体现在：一是重点清晰。为帮助学生快速掌握各章知识要点，每章均设置了“内容梳理”板块。这个板块以一问一答的形式对重点内容进行分析和解答，做到简明扼要、清晰透彻。二是“五强三化”。为丰富教学形式，提高教学效果，每章均设置了“课后实践”板块。这个板块分为主题教学、情境教学、诵读教学、示范教学、影片教学，目的在于实现“五强”目标，即强魂、强本、强基、强志、强体；同时，这个板块特别注重教学空间立体化、教学形式内容多样化、教学主体多元化（简称“三化”）。三是学习考核。为检验学生的学习效果，巩固学习的知识要点，每章均设置了“巩固测验”板块。这个板块以选择题和简答题形式覆盖了每章的重要知识点，并提供了参考答案。

在编写过程中，本书编写组付出了很大的努力，特别在研究教学大纲、加工大量资料的基础上，融入了多年实践教学的成果和经验。同时，编写组也借鉴并吸收了同行的优秀成果和经验，在此表示由衷的感谢。诚挚地希望我们编写的《中国近现代史纲要实践教程》，能够得到高校广大师生的肯定和欢迎，成为他们工作与学习的好助手。

编　者

2021 年 10 月

# 导 言

## 本章导学

导言分三个部分：一是中国近代史综述；二是中国现代史综述；三是学习中国近现代史的目的和要求。中国近代史部分讲述了从鸦片战争到五四运动前夜、从五四运动到中华人民共和国成立；中国现代史部分讲述了社会主义革命和建设时期、改革开放和社会主义现代化建设新时期、中国特色社会主义进入新时代。

中国近现代史，就其主流和本质来说，是中国人民为救亡图存和实现中华民族伟大复兴而英勇奋斗、艰辛探索并不断取得伟大成就的历史，尤其是全国各族人民在中国共产党领导下，进行艰苦卓绝的斗争，经过新民主主义革命，赢得民族独立、人民解放，建立中华人民共和国的历史；经过社会主义革命、建设、改革，把极度贫穷落后的中国逐步改变成持续走向繁荣富强、充满生机活力的社会主义中国的历史。

中国共产党一经成立，就把实现共产主义作为党的最高理想和最终目标，义无反顾肩负起实现中华民族伟大复兴的历史使命。100年来，中国共产党把马克思主义基本原理同中国实际和时代特征相结合，团结带领全国各族人民取得革命、建设、改革的伟大胜利，开创和发展了中国特色社会主义。坚持和发展中国特色社会主义，是实现中华民族伟大复兴的必由之路。坚持中国共产党的领导，是实现中华民族伟大复兴的根本保证。

本章学习的目标：（1）了解中国近现代史的历史分期以及各个历史时期的主要任务；（2）熟悉和掌握学习中国近现代史的目的、要求和主要方法。

## 知识框架

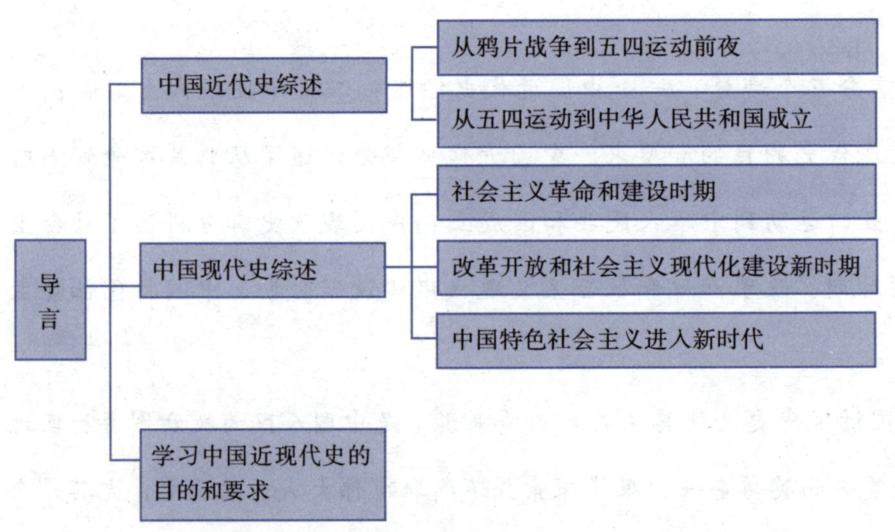

## 内容梳理

### 1. 在 1949 年新中国成立前，中国存在哪三种主要的建国方案？

第一种方案先由北洋军阀后由国民党统治集团代表，主张实行大地主大资产阶级专政，使中国社会继续走半殖民地半封建的道路。

第二种方案由某些中间派别或中间人士代表，主张建立资产阶级共和国，使中国社会走上独立发展资本主义的道路。

第三种方案由中国共产党代表，主张建立工人阶级领导的以工农联盟为基础的人民共和国，走经过新民主主义逐步到达社会主义和共产主义的道路。

这三种方案在中国人民的实践中反复地受到检验。结果是：第一种方案被中国人民抛弃，其代表者的统治被推翻；第二种方案没有得到中国人民的赞同，其代表者的多数后来也承认这个方案在中国无法实现；只有第三种方案最终赢得中国最广大人民群众包括民族资产阶级及其政治代表在内的拥护。由此可见，中国人民接受中国共产党的领导，接受由新民主主义到社会主义的发展道路，是郑重作出的历史性选择，具有历史必然性。

### 2. 新民主主义革命的胜利具有什么意义？

新民主主义革命的胜利，彻底结束了旧中国半殖民地半封建社会的历史，彻底结束了旧中国一盘散沙的局面，彻底废除了列强强加给中国的不平等条约和帝国主义在中国的一切特权，为实现中华民族伟大复兴创造了根本社会条件。中国人民站起来了，中华民族任人宰割、饱受欺凌的时代一去不复返了。

### 3. 简述社会主义革命和建设时期的新中国的发展历程。

以毛泽东为主要代表的中国共产党人，团结带领全党全国各族人民，巩固党的执政地位，确立人民当家作主的国体和政体，捍卫新中国的独立和主权，实现祖国大陆的解放和统一，促进经济文化等各项事业恢复和发展，开始了由新民主主义向社会主义的过渡。中国共产党制定过渡时期总路线，完成三大改造。到 1956 年社会主义改造基本完成，社会主义基本制度在中国大地落地生根。

社会主义基本制度建立后，中国共产党领导人民战胜帝国主义、霸权主义的颠覆破坏和武装挑衅，逐步建立起独立的比较完整的工业体系和国民经济体系，实现了一穷二白、人口众多的东方大国大步迈进社会主义社会的伟大飞跃。在这一历史进程中，中国共产党对适合中国国情的建设社会主义道路进行了艰辛探索。这个历史时期积累的思想、物质、制度成果和正反两方面经验，为新的历史时期开创中国特色社会主义提供了宝贵经验、理论准备和物质基础。中国共产党和中国人民向世界庄严宣告，只有社会主义才能救中国，只有社会主义才能发展中国。

### 4. 为什么说中国特色社会主义进入新时代?

党的十八大以来，我们坚持和加强党的全面领导，统筹推进“五位一体”总体布局、协调推进“四个全面”战略布局，坚持和完善中国特色社会主义制度、推进国家治理体系和治理能力现代化，坚持依规治党、形成比较完善的党内法规体系，战胜一系列重大风险挑战，实现第一个百年奋斗目标，明确实现第二个百年奋斗目标的战略安排，党和国家事业取得历史性成就、发生历史性变革，为实现中华民族伟大复兴提供了更为完善的制度保证、更为坚实的物质基础、更为主动的精神力量。中国共产党和中国人民以英勇顽强的奋斗向世界庄严宣告，中华民族迎来了从站起来、富起来到强起来的伟大飞跃，实现中华民族伟大复兴进入了不可逆转的历史进程!

中国特色社会主义新时代，是承前启后、继往开来、在新的历史条件下继续夺取中国特色社会主义伟大胜利的时代，是决胜全面建成小康社会、进而全面建设社会主义现代化强国的时代，是全国各族人民团结奋斗、不断创造美好生活、逐步实现全体人民共同富裕的时代；是全体中华儿女勠力同心、奋力实现中华民族伟大复兴中国梦的时代；是我国日益走近世界舞台中央、不断为人类作出更大贡献的时代。中国特色社会主义进入新时代，不仅在中华人民共和国发展史上、中华民族发展史上具有重大意义，在世界社会主义发展史上、人类社会发展史上也具有重大意义。

### 5. 学习中国近现代史的主要目的和具体要求是什么?

学习的目的全在于应用。学习历史的主要目的是为了以史鉴今、资政育人。重视对历史的学习、研究、宣传，注意对历史经验的总结、借鉴、汲取，这是中华民族的优良传统，也是推进党和国家事业发展的现实需要。

大学生是中国特色社会主义事业的建设者和接班人，是祖国未来各条战线的生力军，为了肩负起将要担负的责任，必须了解中国的国情。历史、现实和未来是相通的，学习中国近现代史有助于了解昨天，把握今天，更好地走向明天。

“中国近现代史纲要”是全国高等学校本科生必修的一门思想政治理论课。学习本课程的主要目的是：认识近现代中国社会发展和革命、建设、改革的历史进程及其内在规律，深刻领会历史和人民是怎样选择了马克思主义、选择了中国共产党、选择了社会主义道路、选择了改革开放，深刻领会中国共产党为什么能、马克思主义为什么行、中国特色社会主义为什么好，更加坚定地在中国共产党坚强领导下为实现中华民族伟大复兴而不懈奋斗。

具体来说，应当达到以下要求。

第一，了解外国资本－帝国主义同中国封建势力给中国人民和中华民族带来的深重苦难，了解近代以来中国人民为争取民族独立、人民解放和实现国家富强、人民幸福这两大历史任务接续奋斗的历史，懂得新民主主义革命取代旧民主主义革命、人民共和国取代资产阶级共和国的历史必然性，懂得中国共产党领导中国人民走上社会主义道路的历史必然性，深刻理解没有共产党就没有新中国、只有社会主义才能救中国的道理。

第二，了解近代以来中国先进分子和人民群众为救亡图存而进行艰辛探索、顽强奋斗的历程及其经验教训，认识历史和人民怎样选择了马克思主义、选择了中国共产党、选择了社会主义道路、选择了改革开放，懂得红色政权来之不易、新中国来之不易、中国特色社会主义来之不易、今天的幸福生活来之不易。

第三，了解开创和发展中国特色社会主义的伟大进程和重大意义，了解新时代中国特色社会主义的伟大成就和重大意义，坚定只有中国特色社会主义才能发展中国、只有坚持和发展中国特色社会主义才能实现中华民族伟大复兴的信念，增强中国特色社会主义的道路自信、理论自信、制度自信、文化自信。

第四，了解马克思主义中国化的历史进程，深刻认识坚持毛泽东思想、邓小平理论、“三个代表”重要思想、科学发展观的重大意义，深刻认识全面贯彻习近平新时代中国特色社会主义思想的重大意义，自觉用中国共产党的创新理论武装头脑。

第五，通过学习中国近现代史，树牢唯物史观，提高运用科学的历史观方法论分析问题和解决问题的能力，明确中国近现代历史的主题主线、主流本质，警惕和反对历史虚无主义。

以史为鉴，开创未来。未来属于青年，希望寄予青年。新时代的中国青年要以实现中华民族伟大复兴为己任，增强做中国人的志气、骨气、底气，不负时代，不负韶华，不负党和人民的殷切期望！

## 课后实践

1. 主题教学。在理论课前 8 分钟开展“紧跟党走”主题教学，教学内容紧紧跟随习近平总书记的工作脚步、紧紧围绕习近平总书记最新讲话精神。在课前，教师要先学一步，制作 3—5 页 PPT，采取分享式学习的方法。具体授课时，以小组为单位，请每组学生代表上台分享学习心得，然后由教师进行讲解与点评，引导青年大学生关心国家大事、国际时事，增强“四个意识”、坚定“四个自信”、做到“两个维护”。

2. 情境教学。有条件的学校可以开展情境 VR 仿真教学或参观本地有关博物馆，通过 VR 技术或实地参观学习，了解帝国主义列强欺凌中国的历史，了解清王朝的腐朽与没落，了解“落后就要挨打”的历史现实，增强学生的爱国主义情感。

3. 示范教学。以“千年未有之大变局——中国近现代化之路”为题，请中国近现代史基本问题研究专家作学术报告，开阔青年大学生的学术视野，了解中国近现代化筚路蓝缕的历史进程。

4. 影片教学。组织学生集中观看或各自在线上观看影片《建国大业》，通过声光影电的方式，了解新中国成立前的风云岁月和历史。

## 拓展阅读

阅读毛泽东《中国革命和中国共产党》（1939 年 12 月）和习近平《实现中华民族伟大复兴是中华民族近代以来最伟大的梦想》（2012 年 11 月 29 日）两篇文章，各小组可任意选择其中一篇，撰写学习心得体会，不少于 800 字。

## 巩固测验

### 一、选择题

1. 中国近代史的起点是（　　）。

A. 鸦片战争

B. 第二次鸦片战争

C. 甲午海战

D. 八国联军侵华战争

2. 中国近代史上签订的第一个不平等条约是（　　）。

A.《虎门条约》

B.《望厦条约》

C.《南京条约》

D.《黄埔条约》

3. 鸦片战争后，中国的社会性质发生变化，逐步沦为（　　）社会。

A. 殖民地

B. 半殖民地

C. 奴隶制

D. 半殖民地半封建

4. 随着中国社会性质的变化，中国社会新产生的阶级是（　　）。

A. 工人阶级和农民阶级

B. 工人阶级和地主阶级

C. 工人阶级和资产阶级

D. 资产阶级和农民阶级

5. 近代中国最革命的阶级是（　　）。

A. 工人阶级

B. 农民阶级

C. 资产阶级

D. 地主阶级

## 二、简答题

1. 请简述中国近代历史发展的主要历程。

2. 请简述中国现代历史发展的主要历程。

### 参考答案

一、A C D C A

二、

1. 第一，1840 年鸦片战争的爆发，标志着中国近代史的开端。1842 年，英国强迫清政府签订了中英《南京条约》，中国的主权和领土完整遭到破坏，沦为半殖民地半封建社会。第二次鸦片战争，清政府被迫签订《天津条约》《北京条约》等，中国的半殖民地化程度进一步加深。

第二，19 世纪五六十年代，中国民族资产阶级诞生并发展。甲午战争后，他们开始登上历史舞台，进行了戊戌变法。1911 年，以武昌起义为代表的辛亥革命高潮到来，清帝被迫退位，结束了中国两千多年的君主专制制度，但革命胜利的果实被北洋军阀窃取了。

第三，第一次国共合作。辛亥革命后，资产阶级革命派领导了二次革命，护国、护法运动等一系列革命。1923 年，孙中山接受共产国际和共产党的帮助，形成新三民主义，实现第一次国共合作，共同领导中国革命，掀开了以北伐战争为核心的新一轮革命高潮，但由于蒋介石、汪精卫的叛变，第一次国共合作破裂。

第四，国民党“围剿”共产党。中国共产党人领导发起的南昌起义、广州起义、秋收起义均遭遇失败。在危急关头，毛泽东领导秋收起义余部转向井冈山，开辟了井冈山革命根据地，开创了农村包围城市的工农武装割据的道路。但由于受王明“左”倾教条主义错误的影响，中央革命根据地第五次反“围剿”失败，红军不得不战略转移，开始进行二万五千里长征。

第五，抗日战争爆发。1931 年，九一八事变爆发，日本帝国主义发动侵华战争；

1937 年卢沟桥事变爆发，日军开始全面侵华战争。国共两党进行第二次合作，中国人民全面抗战。

第六，国民党发动全面内战和人民解放战争开始。抗日战争结束后，国民党反动派坚持内战，悍然对革命根据地发动大规模进攻，全面内战爆发。从 1946 年 6 月至 1947 年 6 月，人民解放军处于战略防御阶段；1947 年 7 月，人民解放军由战略防御转为战略进攻；1949 年 4 月 21 日，毛泽东、朱德发布了《向全国进军的命令》。

第七，新中国成立。1949 年 10 月 1 日，开国大典在北京隆重举行，毛泽东在天安门城楼向世界庄严宣告，中华人民共和国中央人民政府成立。新中国的成立标志着中国近代史的结束，标志着中国半殖民地半封建社会的结束。中国人民经过 100 多年的英勇斗争，终于推翻了帝国主义、封建主义、官僚资本主义的统治，取得新民主主义革命的胜利，中国人民从此站起来了，成为国家的主人，中国历史进入了新纪元。

2. 第一，从 1949 年 10 月至 1956 年 12 月，是新民主主义向社会主义过渡时期。在政治上完成了土地改革运动、和平解放西藏；在经济上，恢复国民经济，即将完成第一个五年计划，初步奠定了工业化基础；在外交上，确定了独立自主的外交方针，其中“一边倒”的方针，对促进经济恢复有积极作用。

第二，探索建设社会主义道路。在政治上，1956 年，党的八大正确分析了中国社会的主要矛盾；在经济上，掀起了“大跃进”和人民公社化运动，经济建设遭受严重挫折；在外交上，在反对美、苏两个超级大国的压力下，同广大发展中国家建立了友好外交关系。在探索建设社会主义道路的过程中，发生了“文化大革命”，使党、国家、人民遭到新中国成立以来最严重的挫折和损失，教训极其惨痛。1976 年 10 月，中央政治局执行党和人民的意志，毅然粉碎了“四人帮”，结束了“文化大革命”这场灾难。

第三，改革开放和建设中国特色社会主义新时期。改革开放和社会主义现代化建设新时期，党面临的主要任务是，继续探索中国建设社会主义的正确道路，解放和发展社会生产力，使人民摆脱贫困，尽快富裕起来，为实现中华民族伟大复兴提供充满新的活力的体制保证和快速发展的物质条件。党的十一届三中全会以后，以邓小平同志为主要代表的中国共产党人，团结带领全党全国各族人民，深刻总结新中国成立以来正反两方面经验，围绕什么是社会主义、怎样建设社会主义这一根本问题，借鉴世界社会主义历史经验，创立了邓小平理论，解放思想，实事求是，作出把党和国家的工作中心转移到经济建设上来、实行改革开放的历史性决策，深刻揭示社会主义本质，确立社会主义初级阶段基本路线，明确提出走自己的路、建设中国特色社会主义，科学回答了建设中国特色社会主义的一系列基本问题，制定了到21世纪中叶分三步走、基本实现社会主义现代化的发展战略，成功开创了中国特色社会主义。

党的十三届四中全会以后，以江泽民同志为主要代表的中国共产党人，团结带领全党全国各族人民，开创全面改革开放新局面，推进党的建设新的伟大工程，成功把中国特色社会主义推向21世纪。党的十六大以后，以胡锦涛同志为主要代表的中国共产党人，团结带领全党全国各族人民，推进党的执政能力建设和先进性建设，成功在新形势下坚持和发展了中国特色社会主义。

第四，开创中国特色社会主义新时代。党的十八大以来，中国特色社会主义进入新时代。党面临的主要任务是，实现第一个百年奋斗目标，开启实现第二个百年奋斗目标新征程，朝着实现中华民族伟大复兴的宏伟目标继续前进。以习近平同志为核心的党中央统筹把握中华民族伟大复兴战略全局和世界百年未有之大变局，强调中国特色社会主义新时代是承前启后、继往开来、在新的历史条件下继续夺取中国特色社会主义伟大胜利的时代，是决胜全面建成小康社会、进而全面建设社会主义现代化强国的时代，是全国各族人民团结奋斗、不断创造美好生活、逐步实现全体人民共同富裕的时代，是全体中华儿女勠力同心、奋力实现中华民族伟大复兴中国梦的时代，是我国不断为人类作出更大贡献的时代。中国特色社会主义新时代是我国发展新的历史方位。

# 第一章 进入近代后中华民族的磨难与抗争

## 本章导学

本章主要讲述的是，鸦片战争前，中国封建社会已逐渐衰落。从 1840 年鸦片战争开始，西方资本－帝国主义国家相继对中国发动侵略战争，迫使中国的反动统治者屈服，使中国逐渐变成一个表面独立而实际受西方列强控制的半殖民地半封建社会国家，给中华民族造成深重灾难。面对外国的野蛮侵略，从 1840 年至 1919 年的 80 年间，英勇的中国人民进行了一次又一次的反侵略战争，但最终都失败了。尽管如此，这些斗争并非是徒劳的，它们粉碎了侵略者瓜分中国的图谋，促进了中华民族的伟大觉醒。

本章学习的目标：(1) 了解和掌握鸦片战争前后中国封建社会发展状况的变化、社会阶层分化、阶级异动，以及鸦片战争后中国沦为半殖民地半封建社会，并认知近代中国的社会主要矛盾和两大历史任务；(2) 了解西方资本－帝国主义入侵中国及其与中国封建势力相结合给中华民族带来的深重灾难，认识造成近代中国落后、贫困的根本原因；(3) 了解近代中国人民抵御外国侵略斗争的历史，充分认识反侵略斗争的意义；(4) 了解近代中国历次反侵略战争失败的根本原因，认识社会制度腐败必然导致战争失败的深刻历史教训，懂得只有首先争取民族独立，才能为实现国家富强创造前提；（5）继承、发扬以爱国主义为核心的民族精神，认识正是严重的民族危机激发了中华民族的觉醒，促使中国人民去努力探索救亡图存、振兴中华的道路。

## 知识框架

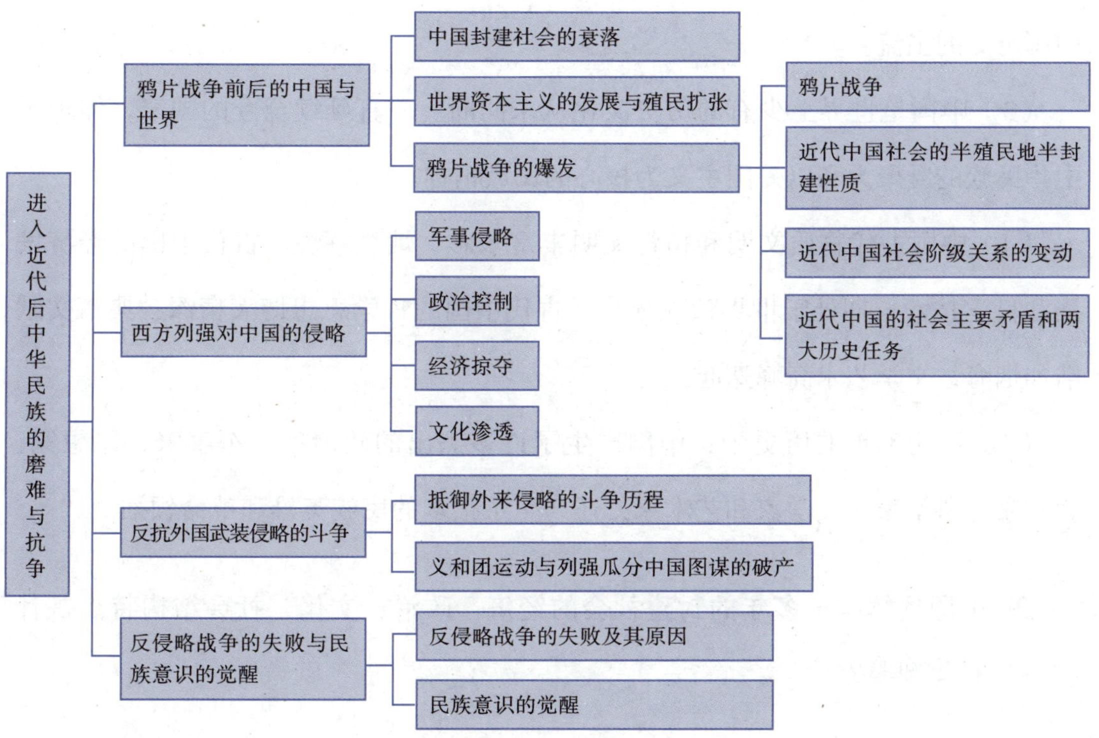

## 内容梳理

### 1. 中国古代灿烂的文明主要体现在哪些方面？

（1）中华民族具有悠久的文明历史。中华优秀文化是中华儿女共同的精神基因，也是中华民族发展壮大的强大精神力量。

（2）约在五千年以前，在黄河流域和长江流域等地区已经出现早期文明社会的要素。两千多年来，国家的统一和各民族间经济文化的紧密联系和相互交流是中国历史的主流。

（3）中国是世界上少有的历史文化从未间断、一直延续至今的国家，体现了中华民族的凝聚力和以爱国主义为核心的民族精神。

（4）中国古代物质文明和精神文明丰富多彩、灿烂辉煌。古代中国的经济发展和科学技术长期处于世界领先地位。古代中国的哲学思想博大精深，典籍文献浩如烟海，文学艺术高峰迭起。

（5）在几千年的历史中，中国产生了许多杰出的政治家、军事家、思想家、教育家、科学家、文学家和艺术家，还产生了很多的民族英雄和革命领袖。

### 2. 中国延续两千多年的封建社会的经济、政治、文化、社会结构特点是什么？其有何利弊？

中国延续两千多年的封建社会的经济、政治、文化、社会结构特点主要包括：

（1）经济上，封建地主土地所有制经济占主导的地位；以个体家庭为单位并与家庭手工业牢固结合的小农经济是中国封建社会的基本生产结构，自给自足的自然经济占主要地位。

（2）政治上，实行高度中央集权的封建君主专制制度。

（3）文化上，自汉武帝确立独尊儒术的政策，儒家思想开始成为中国封建社会的正统思想。儒家还与佛教、道教相互吸收、融合，共同为维护封建统治服务。封建统治者同时吸收法家思想，推行严刑峻法，实行专制统治。

（4）社会结构上，实行族权和政权相结合的封建宗法等级制度。

利弊主要体现在两个方面：一方面巩固和维系了中国封建社会的稳定和延续，另一方面也使其前进缓慢甚至迟滞，并造成不可克服的周期性的政治经济危机。

### 3. 中国封建社会由盛转衰是在什么时期?

17 世纪下半叶至 18 世纪，清朝的康熙、雍正、乾隆年间，是中国封建社会后期的鼎盛时期，但同时也开始走向了封建社会的末世。到了鸦片战争前夜的嘉庆、道光年间，清王朝衰相尽显，潜伏着许多危机。经济上生产凋敝，土地高度集中，而且闭关自守，故步自封。这个时期，工业革命在欧洲爆发，就经济社会发展而言，中国已经落后于西方资本主义国家。

### 4. 西方资本主义的产生和发展及其对世界的影响是什么?

1640 年的英国资产阶级革命标志着世界历史开始进入资本主义时代。18 世纪中叶至 19 世纪中叶，第一次工业革命使大机器生产取代了工场手工业，资本主义经济得到迅速发展。为适应西方资本主义的发展要求，殖民主义产生，西方列强开始了对亚洲、非洲、美洲、大洋洲等地区人民的剥削、掠夺和压迫、奴役。在 19 世纪末资本主义进入帝国主义阶段之后，资本输出成为殖民剥削的重要形式。

西方殖民主义势力来到东方，并不是为了使东方国家成为独立的资本主义国家，而是为了把它们纳入资本主义的世界体系，成为殖民地、半殖民地，成为自己在经济上、政治上、文化上的附庸。西方资本主义的发展及其向东方的殖民扩张，使古老的中国遇到了空前严重的挑战，面临着极其深刻的生存危机。

### 5. 鸦片战争的爆发及其带来的后果是什么?

19 世纪初，英国已经基本上完成工业革命，成为世界资本主义最强大的国家。1825 年和 1837 年英国发生了两次资本主义经济危机。为了摆脱危机和转移国内人民的视线，英国政府迫不及待地要发动一场侵略战争。1840 年 4 月，英国国会通过对华战争的决定。同年 6 月，英国侵华舰队封锁了珠江入海口和广东海面。鸦片战争正式爆发。

鸦片战争以清政府的失败而告终。1842 年 8 月 29 日，清政府派钦差大臣耆英、伊里布与英国签订了中国近代史上第一个不平等条约——《南京条约》。接着，1843 年 10 月，签订了中英《虎门条约》。美国、法国等西方列强趁火打劫，逼迫清政府与之签订不平等条约，如 1844 年 7 月签订的中美《望厦条约》，10 月签订的中法《黄埔条约》。通过这一系列不平等条约，英国等西方列强在中国攫取了大量侵略特权。以鸦片战争为标志，中国开始沦为半殖民地半封建社会。

### 6. 中国半殖民地半封建社会有哪些基本特征?

鸦片战争后独立的中国逐步变成半殖民地的中国，封建的中国逐步变成半封建的中国。中国半殖民地半封建社会的基本特征主要体现在六个方面：

（1）资本 - 帝国主义侵略势力不但逐步操纵了中国的财政和经济命脉，而且逐步控制了中国的政治，日益成为支配中国的决定性力量。

（2）中国的封建势力日益衰败并同外国侵略势力勾结，成为资本 - 帝国主义压迫、奴役中国人民的社会基础和统治支柱。

（3）中国自然经济的基础虽然遭到破坏，但是封建剥削制度的根基即封建地主的土地所有制依然在广大地区内保持着，成为中国发展进步的严重障碍。

（4）中国新兴的民族资本主义经济虽然已经产生，并在政治、文化生活中起了一定的作用，但是在帝国主义和封建主义的压迫下，它的发展很缓慢，力量很软弱，而且它的大部分与外国资本－帝国主义和本国封建主义都有或多或少的联系。

（5）由于近代中国处于资本－帝国主义列强的争夺和间接统治之下，加上中国地域广大，以及在地方性的农业经济的基础上形成的地方割据势力的存在，近代中国各地区经济、政治和文化的发展是极不平衡的。后来，帝国主义列强还分别支持不同的政治势力以分裂中国，使中国处于不统一状态。

（6）在资本－帝国主义和封建主义的双重压迫下（后来还加上官僚资本主义的压迫），中国的广大人民尤其是农民日益贫困化以至大批破产，过着饥寒交迫和毫无政治权利的生活。

### 7. 近代中国的社会阶级关系发生了什么变化?

随着近代中国从封建社会逐步演变为半殖民地半封建社会，中国社会的阶级关系也发生了深刻的变动，不仅旧的阶级发生了变化，还有新的阶级产生。

（1）有些地主从乡村迁往城市成为城居地主。一部分地主将土地剥削获得的货币投资于资本主义工商业。有的附股外资企业，有的入股洋务企业，有的直接创办或参股民营企业，转化为资本家。大多数地主仍主要依靠地租剥削生活，一些城居地主也往往兼营土地、高利贷和工商业。

（2）旧的被统治阶级即农民阶级，仍是近代中国社会人数最多的被剥削阶级。由于土地兼并的加剧，不少自耕农失去土地，向贫农或雇农转化。有些农民破产或失去土地后流入城市，成为产业工人的后备军。

（3）近代中国诞生的新兴的被压迫阶级是工人阶级。它的来源主要是城乡破产失业的农民、手工业者和城市贫民。他们深受帝国主义、封建势力、资产阶级三重压迫，受剥削最深，革命性最强，而且它还有组织纪律性强、集中、团结、与广大受压迫农民有着天然联系等优点，因此是近代中国最革命的阶级。

（4）中国资产阶级也是近代中国新产生的阶级。它是在外国资本主义入侵的影响和刺激下，主要由一些买办、商人、地主、官僚投资新式企业转化而成。中国资产阶级的来源不同，构成比较复杂，一部分是官僚买办资本家，另一部分是民族资本家。

### 8. 近代中国的社会主要矛盾及其关系是怎样的?

近代中国半殖民地半封建社会的矛盾，呈现出错综复杂的状况。其中，占支配地位的主要矛盾，一是帝国主义和中华民族的矛盾，二是封建主义和人民大众的矛盾。这两对主要矛盾及其斗争贯穿整个中国半殖民地半封建社会的始终，并对中国近代社会的发展变化起着决定性的作用。

中国近代社会的两对主要矛盾是互相交织在一起的。一般来说，当资本－帝国主义向中国发动侵略战争时，中国内部各阶级，除一些叛国分子外，能够暂时地团结起来举行民族战争去反对外国侵略。这时，民族矛盾特别尖锐，阶级矛盾暂时降到次要和服从的地位。而当资本－帝国主义与中国的反动统治阶级结成同盟，用战争以外的形式共同压迫中国人民，尤其是封建主义统治特别残酷的时候，中国人民往往采取国内战争的形式去反对资本－帝国主义和封建主义的同盟，而斗争的矛头主要直接地指向中国的封建政权，这时阶级矛盾就上升为主要矛盾，民族矛盾退居次要地位。

### 9. 近代中国的两大历史任务是什么?

为了使中国在世界上站起来，为了使中国人民过上幸福、富裕的生活，就必须完成两大历史任务：一是推翻帝国主义、封建主义联合统治的半殖民地半封建的社会制度，争取民族独立和人民解放；二是改变中国经济技术落后的面貌，实现国家的富强和人民的富裕。这是近代以来中华民族面临的两大历史任务。无数的志士仁人，一代又一代的中国人，正是为此而进行了不屈不挠、英勇顽强的斗争。

### 10. 西方列强通过战争以及武力威胁、讹诈等手段强迫清政府签订的不平等条约主要有哪些?

（1）鸦片战争（1840 年 6 月—1842 年 8 月）：《南京条约》及其附件、《望厦条约》、《黄埔条约》。1842 年 8 月，英国侵略者强迫清政府签订了中国近代第一个不平等条约——中英《南京条约》。次年，英国又强迫清政府签订了《南京条约》的附件。鸦片战争刚刚结束，美法两国以武力相威胁，迫使清政府分别签订了不平等的中美《望厦条约》和中法《黄埔条约》，扩大了侵略权益。

（2）第二次鸦片战争（1856 年 10 月—1860 年 10 月）：《天津条约》《北京条约》《瑷珲条约》《勘分东界约记》《勘分西北界约记》。1858 年，俄、美、英、法四国先后强迫清政府分别签订了《天津条约》。1860 年 10 月下旬，英法两国又强迫清政府签订了中英、中法《北京条约》。1858 年 5 月 28 日，即中俄《天津条约》签订前半个月，俄国用武力强迫黑龙江将军奕山签订了不平等的《瑷珲条约》。1861 年 6 月，中俄双方签订了《勘分东界约记》。1864 年 10 月，明谊与巴布科夫签订中俄《勘分西北界约记》，划定了从沙宾达巴哈山口起至浩罕边境为止的中俄西段边界。

（3）中日甲午战争（1894 年 7 月 25 日—1895 年 4 月 17 日）：《马关条约》《中日辽南条约》。中日甲午战争爆发，北洋水师与日本海军激战，北洋水师战败，李鸿章被迫在 1895 年 4 月 17 日同日本在马关签订《马关条约》。1895 年 11 月日本强迫清政府签订《中日辽南条约》，中国向日本偿付 3 000 万两白银，日本才交还辽东半岛。

（4）八国联军侵华（1900 年 5 月 28 日—1901 年 9 月 7 日）：《辛丑条约》。1901 年，清政府被迫同英、美、俄、日、法、德、意、奥、比、荷、西十一国，签订了丧权辱国的《辛丑条约》。

## 11. 近代以来资本－帝国主义列强屠杀中国人民的惨案主要有哪些?

从1840年鸦片战争以来，资本－帝国主义列强发动了一次又一次的侵华战争。在历次侵华战争中，外国侵略者屠杀了大批中国人民。最典型的有三大惨案：

（1）1894年11月，日军在甲午战争中制造了旅顺大屠杀惨案，在4天内连续屠杀中国居民2万余人。

（2）1900年7月，俄国入侵中国东北时，先后制造了海兰泡惨案和江东六十四屯惨案。沙俄军警把中国人居住的村庄烧光，把数千居民枪杀，或驱入黑龙江中活活淹死。

（3）1900年8月，八国联军侵占北京后，仅在庄王府一处，就烧死和杀死义和团团民与平民1 700多人。

## 12. 西方资本－帝国主义的入侵给中国带来了什么?

（1）西方资本－帝国主义的入侵，造成中国近代的贫穷与落后。近代资本－帝国主义列强对中国发动一系列侵略战争，迫使中国政府签订不平等条约，勒索大量战争赔款，直接割占中国大片领土。设立租界，强占租借地，划分势力范围。列强严重破坏了中国领土完整，严重破坏了中国的主权。列强通过公使驻京直接向清政府发号施令，通过领事裁判权破坏中国司法主权，通过控制中国海关直接干预中国内政外交，他们还扶植、收买代理人，共同镇压中国人民的反帝反封建斗争，从而把中国当权者变成自己的代理人和驯服工具。列强通过不平等条约的特权，迫使中国开放通商口岸；协定关税，使中国在对外贸易中处于被宰割的地位；大规模的商品倾销和资本输出，使中国逐步沦为外国侵略者的商品销售市场和原料掠夺地，并操纵了中国的主要经济命脉。列强还对中国进行文化渗透，一些传教士披着宗教的外衣，进行侵略活动，他们还宣扬“种族优劣论”“黄祸论”，目的是为帝国主义侵略制造舆论。所以，资本－帝国主义的侵略和本国封建势力对人民的压迫，是中国落后、贫困的根本原因。

（2）西方资本－帝国主义的入侵，阻滞了中国近代化的进程。虽然，列强在侵华的时候也充当了历史的不自觉的工具，把西方资本主义及其技术带入中国，刺激了中国资本主义的产生。但是，其主观上并不希望中国成为独立自主富强的近代化国家。因此，总是千方百计地压制中国民族资本主义的发展，阻挠和破坏中国社会的进步。历史证明，只有推翻帝国主义和封建主义在中国的统治，中国才有可能走上独立富强的道路。

### 13. 近代中国进行的反侵略战争具有什么意义？

（1）近代中国人民包括统治阶级中的爱国人士在反侵略斗争中表现出来的爱国主义精神，进一步铸成了中华民族的民族魂。正是由于中国人民前仆后继、英勇顽强的斗争，才使我们的国家和民族历尽劫难、屡遭侵略而不亡。那些不畏强暴、赴汤蹈火、血战疆场、宁死不屈的民族英雄，乃是中华民族的脊梁。

（2）中华民族为反抗侵略所进行的前赴后继、视死如归的战斗，粉碎了帝国主义列强瓜分和灭亡中国的图谋。

### 14. 中国近代历次反侵略战争失败的内部原因和教训是什么？

中国近代历次的反侵略战争，都是以中国失败而告结束的。从中国内部因素来分析，主要有以下两个方面原因：一是社会制度的腐败，二是国家综合实力特别是经济技术和作战能力的落后。前者是根本原因。因为正是社会制度的腐败，才使得经济技术落后的状况长期得不到改变。

教训：中国近代历次反侵略战争失败的教训是惨痛的，中国人民必须把反对帝国主义的民族斗争和反对封建主义的阶级斗争统一起来，才能完成近代中国革命的任务。

### 15. 从鸦片战争到辛亥革命前中国人民的民族意识觉醒表现在哪些方面?

外国资本－帝国主义的侵略给中华民族带来了巨大的灾难。但是，列强发动的侵华战争以及中国反侵略战争的失败，从反面教育了中国人民，极大地促进了中国人的思考、探索和奋起。鸦片战争以后，先进的中国人开始睁眼看世界了；中日甲午战争以后，中国人民的民族意识开始普遍觉醒。具体表现在：

（1）“师夷长技以制夷”的主张和早期维新思想产生：林则徐是近代中国睁眼看世界的第一人；魏源编辑《海国图志》，提出“师夷长技以制夷”的思想，主张学习外国先进的军事和科学技术，以期富国强兵来抵御外国侵略。他们开创了中国近代学习西方的先河。洋务运动中，马建忠、王韬、郑观应等早期维新思想家，主张变革封建专制制度。

（2）救亡图存与振兴中华的口号喊出：中日甲午战争后，中国人民族意识开始普遍觉醒。严复的《救亡决论》喊出了“救亡”口号，康有为亦要求中国人发愤自救，孙中山在兴中会成立时喊出了“振兴中华”这一时代的最强音。

（3）近代以来，中国人民和志士仁人正是在怀着强烈忧患意识和变革意识，在救亡图存、振兴中华大旗下，去探索挽救中华民族的道路的。

## 课后实践

1. 主题教学。在理论课前 8 分钟开展“紧跟党走”主题教学。

2. 情境教学。有条件的学校可以开展情境 VR 仿真教学或参观本地有关博物馆，通过 VR 技术或实地参观学习，了解中国人民前赴后继的抗击帝国主义欺凌的历史，了解清王朝的腐朽与没落，增强爱国主义情感和英雄主义精神。

3. 示范教学。以“鸦片战争”为题，请中国近现代史基本问题研究专家作学术报告，了解鸦片给中国人民带来的巨大灾难，在学理上进一步理解资本－帝国主义侵略的本质，激发青年大学生爱国主义情感。

4. 影片教学。布置学生线上观看《鸦片战争》，并完成影片《鸦片战争》观影后的习题。同时，安排独立的单元时间，各小组派代表 1 人主要分享观影心得，分享陈述不超过 5 分钟。

## 拓展阅读

阅读《马克思恩格斯选集》（第一卷，人民出版社，2012 年，第 778—785 页）的《中国革命和欧洲革命》。阅读时，可采用分组分段领读并逐段分享阅读心得，或分组对全文片段予以交流分享。

## 巩固测验

### 一、选择题

1. 约在五千年前，我国在（　　）流域已经出现早期文明社会的要素。

A. 长江和珠江

B. 黄河和长江

C. 黄河和淮河

D. 长江和淮河

2. 中国封建社会政治的基本特征是（　　）。

A. 实行封建地主土地所有制经济

B. 实行高度中央集权的封建君主专制制度

C. 实行封建宗法等级制度

D. 以儒家思想为正统思想

3. 世界历史开始进入资本主义时代的标志是（　　）。

A. 英国资产阶级革命

B. 法国大革命

C. 美国独立战争

D. 俄国农奴制改革

4. 19世纪末资本主义进入帝国主义阶段后，（　　）成为殖民剥削的重要形式。

A. 殖民掠夺

B. 武力征服

C. 商品输出

D. 资本输出

5. 中国工人阶级的主要来源不包括（　　）。

A. 失业农民

B. 手工业者

C. 城市贫民

D. 商人

6. 资本－帝国主义列强对中国的侵略，首先和主要的是进行（　　）。

A. 军事侵略

B. 政治控制

C. 经济掠夺

D. 文化渗透

7. 资本－帝国主义列强通过武力或欺诈手段在中国设立的第一个“租界”位

于（　　）。

A. 天津

B. 广州

C. 上海

D. 重庆

8. 资本－帝国主义列强对中国进行经济侵略的方式不包括（　　）。

A. 控制中国的通商口岸

B. 剥夺中国的关税自主权

C. 实行商品倾销和资本输出

D. 划分势力范围

9. 中国近代史上中国人民第一次大规模的反侵略武装斗争是（　　）。

A. 太平天国运动

B. 三元里人民的抗英斗争

C. 义和团运动

D. 香港中国造船工人罢工

10. 帝国主义侵略中国的最终目的是（　　）。

A. 商品输出、资本输出

B. 扶植代理人

C. 瓜分中国、灭亡中国

D. 政治控制

11. 帝国主义列强对中国的争夺和瓜分的图谋，在（　　）爆发后达到高潮。

A. 1840 年鸦片战争

B. 1894 年中日甲午战争

C. 1883 年中法战争

D. 1900年八国联军侵华战争

12. 根据中日《马关条约》，中国的（　　）被割让给日本。

A. 香港岛

B. 九龙、新界

C. 台湾、澎湖列岛和辽东半岛

D. 澳门

13. 帝国主义列强不能灭亡和瓜分中国，最根本的原因是（　　）。

A. 中国幅员辽阔

B. 列强之间的矛盾

C. 帝国主义兵力短缺

D. 中华民族进行的不屈不挠的反侵略斗争

14.（　　）被称为近代中国睁眼看世界的第一人。

A. 林则徐

B. 严复

C. 魏源

D. 郑观应

15.（　　）提出了“师夷长技以制夷”的思想。

A. 魏源的《海国图志》

B. 郑观应的《盛世危言》

C. 严复的《救亡决论》

D. 林则徐的《四洲志》

## 二、简答题

1. 从1840年至1919年的近80年间，中国人民进行的反侵略战争具有什么历史意义？

2. 从1840年至1919年的近80年间，中国人民反侵略战争都遭失败的内部原因是什么？

3. 帝国主义列强并没有能够实现瓜分中国的图谋，原因何在？

## 参考答案

一、B　B　A　D　D　A　C　D　B　C　B　C　D　A　A

二、

1.（1）近代中国人民包括统治阶级中的爱国人士在反侵略斗争中表现出来的爱国主义精神，进一步铸成了中华民族的民族魂。正是由于中国人民前仆后继、英勇顽强的斗争，才使我们的国家和民族历尽劫难、屡遭侵略而不亡。那些不畏强暴、赴汤蹈火、血战疆场、宁死不屈的民族英雄，乃是中华民族的脊梁。

（2）中华民族为反抗侵略所进行的前赴后继、视死如归的战斗，粉碎了帝国主义列强瓜分和灭亡中国的图谋。

2. 中国近代历次的反侵略战争，都是以中国失败而告结束的。从中国内部因素来分析，主要有以下两个方面原因：一是社会制度的腐败，二是国家综合实力特别是经济技术和作战能力的落后。前者是根本原因。因为正是社会制度的腐败，才使得经济技术落后的状况长期得不到改变。

3.（1）一个重要原因是帝国主义列强之间的矛盾和互相制约。列强经过反复争吵、协商，最后认定，还是暂缓瓜分中国，而采取保全清政府为其共同的统治工具，实行“以华治华”，对自己更为有利。

（2）帝国主义列强不能瓜分和灭亡中国最根本的原因是中华民族进行的不屈不挠的反侵略斗争。在义和团反帝爱国运动时期，中国人民以其不畏强暴、敢与敌人血战到底的英雄气概，打击和教训了帝国主义侵略者，使他们不敢为所欲为地瓜分中国。所以，正是包括义和团在内的中华民族为反抗侵略所进行的前赴后继、视死如归的战斗，才从根本上粉碎了帝国主义列强瓜分和灭亡中国的图谋。

# 第二章

# 不同社会力量对国家出路的早期探索

## 本章导学

本章主要讲述的是，西方列强与本国封建主义的双重压迫，激起了中国人民的强烈反抗。19 世纪下半叶，以太平天国运动为代表的农民革命战争，给中国封建势力和外国侵略者以沉重打击。与此同时，一批志士仁人提出向西方学习的主张，先后发起了以“自强”为目的的洋务运动和救亡图存的资产阶级维新变法运动。然而，无论是旧式的农民革命还是新式的资产阶级改良运动，最后都以失败而告终。但是，近代以来不同阶级及其代表人物对国家出路的探索，具有十分重要的历史借鉴意义。

本章学习的目标：（1）在了解太平天国农民战争、洋务运动和戊戌维新运动等史实基础上，掌握太平天国农民战争、洋务运动和戊戌维新这三场运动的历史地位及其失败原因；（2）了解农民阶级、地主阶级洋务派、资产阶级维新派由于其自身的阶级局限性，不可能为中国的独立和富强找到真正的出路。

# 知识框架

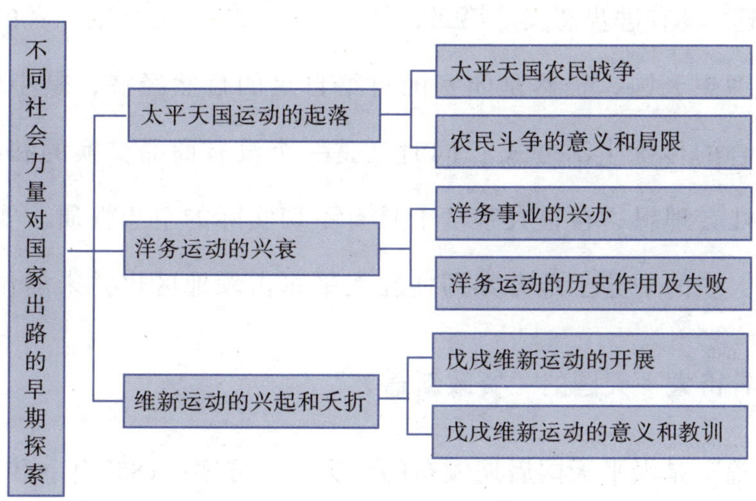


# 内容梳理

### 1.《天朝田亩制度》的内容及其评价是什么？

1853年，太平天国定都天京（今南京）后颁布了《天朝田亩制度》，这是太平天国时期颁发的一部纲领性文件。《天朝田亩制度》是最能体现太平天国社会理想和这次农民起义特色的纲领性文件。它确立了平均分配土地的方案，即根据"凡天下田，天下人同耕"的原则，将土地按亩产高低划分为9等，好坏搭配，按人口平均分配。凡16岁以上的男女，每人皆可分得一份数量相同的土地，不满16岁的减半，目的在于建立"有田同耕，有饭同食，有衣同穿，有钱同使，无处不均匀，无人不饱暖"的理想社会。所以，《天朝田亩制度》实际上是一个以解决土地问题为中心的比较完整的社会改革方案。

《天朝田亩制度》既有积极意义又体现了其历史局限性。第一，从根本上否定了封建社会的基础即封建土地所有制，体现了广大农民要求平均分配土地的强烈愿望，是对以往农民战争中“均贫富”“等贵贱”和“均平”“均田”思想的发展和超越，具有进步意义。第二，它并没有超出农民小生产者的狭隘眼界。它所描绘的理想天国，仍然是闭塞的自给自足的自然经济，是小农业和家庭手工业相结合的传统生活方式；同时又是一个没有商品交换的和绝对平均的社会。这种社会理想，在很大程度上具有不切实际的空想性质。实际上，《天朝田亩制度》中的平分土地方案即使在太平军占领地区也并未能付诸实行。

### 2. 如何看待太平天国的《资政新篇》？

《资政新篇》是太平天国后期颁布的社会发展方案。1859 年，洪仁玕从香港来到天京。不久，他提出了一个统筹全局的改革方案——《资政新篇》。其主要内容是：

（1）在政治方面，主张“禁朋党之弊”，加强中央集权，并学习西方，制定法律、制度。

（2）在经济方面，主张发展近代工矿、交通、邮政、银行等事业，奖励科技发明和机器制造，尤其是提出“准富者请人雇工”，对穷人“宜令作工，以受所值”，这就把向西方的学习，从生产力的领域扩展到生产关系的领域，即开始提倡资本主义的雇佣劳动制了。

（3）在文化方面，建议设立新闻馆以报时事，破除陈规陋俗，提倡兴办学校、医院和社会福利事业。

（4）在外交方面，主张同外国平等交往、自由通商，“与番人并雄”，但严禁鸦片输入。对于外国人，强调准其为国献策，但不得毁谤国法。

《资政新篇》是一个具有资本主义色彩的方案。洪秀全看到后，几乎逐条加以批示，对其中绝大部分条款表示赞同，并下令镌刻颁布。但是限于当时的历史条件，未能付诸实施。

### 3. 太平天国农民起义失败的原因和教训有哪些?

太平天国农民起义动摇了清王朝封建统治的基础，有力地打击了西方资本主义侵略者，显示了农民阶级的反抗精神和战斗力量，然而，其失败的原因和教训是深刻的。

（1）农民阶级不是新的生产力和生产关系的代表，无法克服小生产者所固有的阶级局限性，缺乏科学思想理论的指导，没有先进阶级的领导，因而无法从根本上提出完整的、正确的政治纲领和社会改革方案。

（2）太平天国后期无法制止和克服领导集团自身腐败现象的滋生，领导集团的一些人在生活上追求享乐，在政治上争权夺利。太平天国诸王在建都后不久就大兴土木，建立豪华府邸。天王洪秀全养尊处优，沉迷声色；东王杨秀清自恃功高，一切专擅；诸王与部将及广大士兵关系逐渐疏离，诸王之间更是猜忌日生，无法长期保持领导集团的团结。这些都大大削弱了太平天国的向心力和战斗力。

（3）太平天国军事战略上出现了重大失误，比如，没有解决好与捻军这一抗清斗争主力的关系，没有与他们结成同盟，以致丢失了在北方赖以发展的良机，使北伐军艰难支撑直至失败；在天京被围困的情况下死守孤城，拒绝“让城别走”，导致太平天国的最后失败。

（4）太平天国是以宗教来发动、组织群众的，但是拜上帝教教义不仅不能正确指导斗争，而且给农民战争带来了危害。在太平天国后期，洪秀全甚至幻想不动刀兵而定“太平一统”，梦想以虚幻的力量代替农民起义者自身的努力。

（5）太平天国也未能正确地对待儒学。他们开始时把儒家经书笼统地斥之为“妖书”，后来虽主张将“四书”“五经”删改后加以利用，但原封不动地保留了儒学中的封建纲常伦理原则。

（6）太平天国的领袖们不能把西方国家的侵略者与人民群众区别开来，而是笼统地把信奉天父上帝的西方人都视为“洋兄弟”，这说明他们对于西方资本主义侵略者还缺乏理性的认识。

总之，太平天国起义及其失败表明，在半殖民地半封建的中国，农民具有伟大的革命潜力，但它自身不能担负起领导反帝反封建斗争取得胜利的重任。单纯的农民战争不可能完成争取民族独立和人民解放的历史任务。

### 4. 洋务运动起到了哪些历史作用?

（1）洋务派提出“自强”“求富”的主张，通过所掌握的国家权力集中力量优先发展军事工业，同时也试图“稍分洋商之利”，发展若干民用企业，在客观上对中国的早期工业和民族资本主义的发展起了某些促进作用。

（2）洋务运动时期开办了一批新式学堂，派出了最早的官派留学生，这是中国近代教育的开始。与此同时，还翻译了一批近代自然科学书籍，给当时的中国带来了新的知识，使人们开阔了眼界。

（3）洋务运动时期，伴随着资本主义生产方式的出现，传统的“重本抑末”等观念受到冲击，社会风气和价值观念开始变化，工商业者的地位上升。对一部分人来说，西方的各种技术和器物不再被当作“奇技淫巧”受到排斥，而是被视为模仿、学习的对象。这一切，都有利于资本主义经济的发展，也有利于社会风气的改变。

### 5. 洋务运动的性质、失败原因及其教训是什么?

从洋务运动的性质来看，它是一场由清朝封建统治阶级中的洋务派为维护清朝的封建统治而实行的自救革新运动，既有进步性，也具有落后保守性。因此，洋务运动历时 30 多年，虽然办起了一批企业，建立了海军，但却没有使中国富强起来。甲午战争一役，洋务派经营多年的北洋海军全军覆没，标志着以“自强”“求富”为目标的洋务运动的失败。

洋务运动失败的原因主要有：

（1）洋务运动具有封建性。洋务运动的指导思想是“中学为体，西学为用”，企图以吸取西方近代生产技术为手段，来达到维护和巩固中国封建统治的目的，这就决定了它必然失败的命运。因为新的生产力是同封建主义的生产关系及其上层建筑不相容的，是不可能在封建主义的桎梏下充分地发展起来的。他们既要发展近代企业，却又采取垄断经营、侵吞商股等手段压制民族资本；既想培养洋务人才，又不愿改变封建科举制度。

（2）洋务运动对列强具有依赖性。洋务运动进行时，清政府已与西方国家签订了一批不平等条约，西方列强正是依据种种特权，从政治、经济等各方面加紧对中国的侵略和控制，它们并不希望中国真正富强起来。而洋务派官员却一再主张对外“和戎”，其所兴办的企业一切仰赖外国，他们企图依赖外国来达到“自强”“求富”的目的，无异于与虎谋皮。

（3）洋务企业的管理具有腐朽性。洋务派所创办的一些新式企业虽然具有一定的资本主义性质，但其管理基本上仍是封建衙门式的。洋务派所办的军事工业完全由官方控制，经营不讲效益，造出的枪炮、轮船往往质量低下。即使是官商合办和官督商办的民用企业，其管理大多也是由政府专门派员，掌握用人理财种种大权，商人没有多少发言权，还要承担企业的亏损。企业内部极其腐败，充斥着营私舞弊、贪污受贿、挥霍浪费等官场恶习。

洋务运动的失败说明，在不触动封建专制统治、没有摆脱外国资本－帝国主义的侵略与控制的前提下，试图通过局部的变革发展本国资本主义从而达到自强求富的目的，是不可能的。也正因为洋务运动不可能为中国摆脱贫弱找到出路，所以其也不可能避免最终失败的命运。

### 6. 维新派与守旧派争论的要点是什么?

维新派与守旧派之间的论战，主要围绕三个问题展开：

（1）要不要变法。守旧派坚持“祖宗之法不可变”，有的人甚至主张“宁可亡国，不可变法”。而维新派则根据西方进化论的观点，认为自然界和人类社会都是不断发展变化的。他们提出，“变者，天下之公理也”，“能变则全，不变则亡，全变则强，小变仍亡”。只有维新变法，革除积弊，才能挽救中国所面临的危亡局面，以图求存和自强。

（2）要不要兴民权、设议院，实行君主立宪。守旧派认为，“民权之说，无一益而有百害”，“民权之说一倡，愚民必喜，乱民必作，纪纲不行，大乱四起”。维新派则运用西方资产阶级政治学说，对封建君主专制制度作了批判。谭嗣同指出：“君末也，民本也。”严复甚至认为，国家是“民之公产”，王侯将相不过是“通国之公仆隶”，而专制帝王则是“窃国者耳”。维新派还主张兴绅权，即首先要为正在向资产阶级转化的士绅争取政治地位；认为只有君主立宪制度才是当时中国理想的政治方案，兴民权、设议院，实行君主立宪。

（3）要不要废八股、改科举和兴西学。守旧派把西方近代科学技术斥为“奇技淫巧”。洋务派虽认为西方的军事和技术可以学习，但坚持封建的政治制度、科举八股，尤其三纲五常绝对不能触动。而维新派则痛斥八股取士的科举制度是统治者“牢笼天下”的愚民政策，因此要救中国必须废八股、改科举，办学堂、兴西学。严复大声疾呼：“民智者，富强之原”，“欲开民智非讲西学不可”，“救亡之道在此，自强之谋亦在此”。针对洋务派“中体西用”的口号，维新派驳斥道：“未闻以牛为体，以马为用者也。”因为体用是不可分的，把中学之“体”和西学之“用”凑在一起，就如同要让“牛体”产生“马用”一样荒谬。

维新派与守旧派的这场论战，实质上是资产阶级思想与封建主义思想在中国的第一次正面交锋。论战所涉及的领域十分广泛，进一步开阔了新型知识分子的眼界，解放了人们长期受到束缚的思想。通过论战，西方资产阶级社会政治学说在中国得到进一步的传播，戊戌变法运动的帷幕随之拉开。

### 7.“百日维新”运动的主要内容是什么？

戊戌变法，又称“百日维新”。其内容归纳起来主要包括：

（1）在政治方面：改革行政机构，裁撤闲散、重叠机构；裁汰冗员，澄清吏治，提倡廉政；提倡向皇帝上书言事；准许旗人自谋生计，取消他们享受国家供养的特权。

（2）在经济方面：保护、奖励农工商业和交通采矿业，中央设立农工商总局与铁路矿务总局，各省设立商务局；提倡开办实业，奖励发明创造；注重农业发展，提倡西法垦殖，建立新式农场；广办邮政，修筑铁路；开办商学、商报，设立商会等各类组织；改革财政，编制国家预决算。

（3）在军事方面：裁减旧式绿营兵，改练新式陆军；采用西洋兵制，练洋操，习洋枪等。

（4）在文化教育方面：创设京师大学堂，各省书院改为高等学堂，在各地设立中、小学堂；提倡西学，废除八股，改试策论，开经济特科；设立译书局，翻译外国书籍，派人出国留学；奖励新著，奖励创办报刊，准许自由组织学会。

总之，戊戌维新是一场资产阶级性质的改良运动。但是，其政令和措施并未触及封建制度的根本，所要推行的是一种十分温和的不彻底的改革方案，故最终难以避免失败的命运。

### 8. 如何评价戊戌维新运动？

戊戌维新运动虽然失败了，但它在中国近代史上仍然有着重大的历史意义。

（1）戊戌维新运动是一次爱国救亡运动。维新派在民族危亡的关键时刻，高举救亡图存的旗帜，要求通过变法，发展资本主义，使中国走上富强的道路。维新派的政治实践和思想理论，不仅贯穿着强烈的爱国主义精神，而且推动了中华民族的觉醒。

（2）戊戌维新运动是一场资产阶级性质的政治改良运动。维新派突破洋务派“中体西用”思想的局限，主张用君主立宪制取代君主专制制度。戊戌维新运动虽然未能成功地建立起资本主义的君主立宪制度，其颁布的促进民族资本主义发展的若干措施也未能生效，但在政治、经济等领域一定程度上冲击了封建制度。

（3）戊戌维新运动更是一场思想启蒙运动。维新派大力传播西方资产阶级的社会政治学说和自然科学知识，宣传自由平等、社会进化观念，批判封建君权和封建纲常伦理，从而把顽固的封建主义思想壁垒打开了一个缺口，有利于民主思想在中国的传播，有利于人们的思想解放。在维新派的推动下，“诗界革命”“文体革命”“小说界革命”“戏剧改良”“史学革命”等相继而起，形成了广泛的文化革新运动。以维新运动为起点，资产阶级新文化开始打破封建文化独占文化阵地的局面。在教育方面，维新派主张采用西方近代教育制度，兴办新式学堂，这对中国近代教育的发展起了积极的推动作用。

### 9. 怎么看待戊戌维新运动失败的原因及教训？

戊戌维新运动的失败，主要是由于维新派自身的局限和以慈禧太后为首的强大守旧势力的反对。其本身的局限性突出地表现在三个方面：

（1）不敢否定封建主义。他们在政治上不敢根本否定封建君主制度，只是幻想依靠光绪皇帝“以君权雷厉风行”，通过和平、合法的手段，实现自上而下的改良，让资产阶级和开明士绅的代表参加政权，逐步实现君主立宪。在经济上，他们虽然要求发展民族资本主义，却未触及封建主义的经济基础——封建土地所有制。在思想上，他们虽然提倡学习西学，却仍要打着孔子的旗号，借古代圣贤之名“托古改制”。

（2）对帝国主义抱有幻想。他们虽然大声疾呼救亡图存，却又幻想西方列强能帮助自己变法维新。维新派尖锐地揭露了俄国侵华的事实，却幻想依靠与英、日结成同盟来抵抗俄国。有人甚至建议聘请日本前首相伊藤博文来中国任维新的顾问。英、日帝国主义虽然表面上同情维新派，但实质上只是为了乘机扩大在华侵略势力，并寻找它们在中国的代理人，同时也是为了与俄国进行争夺。因此，在戊戌政变前夕，维新派分别乞求英、美、日公使的支持，结果都落了空。

（3）惧怕人民群众。维新派的活动基本上局限于官僚士大夫和知识分子的小圈子。他们不但脱离人民群众，而且惧怕甚至仇视人民群众。康有为在每次上书中，都反复提醒光绪皇帝不要忘记人民反抗的危险，强调“即无强敌之逼，揭竿斩木，已可忧危”，如果不实行变法，下层群众将会起来造反，使皇帝及其大臣们“求为长安布衣而不可得”。正因为没有人民力量作为后盾，所以当他们得悉守旧派要发动军事政变时，只得打算依靠掌有兵权的袁世凯，结果反被袁世凯出卖。而一旦守旧派操刀反击，维新派也就没有丝毫抵抗的能力。谭嗣同慷慨就义前的临终语“有心杀贼，无力回天”，正反映了这一点。“回天之力”存在于亿万民众之中，这是维新派的志士们所没有认识到的。

戊戌维新运动的失败充分说明，在半殖民地半封建的旧中国，企图通过统治者走自上而下的改良道路，是根本行不通的，必须用革命的手段，推翻帝国主义、封建主义联合统治的半殖民地半封建的社会制度。

## 课后实践

1. 主题教学。在理论课前 8 分钟开展“紧跟党走”主题教学。

2. 情境教学。有条件的学校可以开展情境 VR 仿真教学或参观本地有关博物馆，通过 VR 技术或实地参观学习，了解中国人民探索中国道路的曲折历史，进一步了解为什么地主阶级洋务派、农民阶级、资产阶级改良派不可能领导中国革命取得成功，深入激发青年大学生爱党爱国的历史情感内涵。

3. 示范教学。安排学生在线听取有关“太平天国”或“洋务运动”或“戊戌变法”等专题讲座，了解中国人民前赴后继探索中国道路的历史，揭示这些运动必然失败的历史原因，激发青年大学生的爱国主义情感，进一步认识“四个自信”的历史逻辑。

4. 影片教学。线上观看五集央视纪录片《甲午》，教师组织学生集中观看第一集《开国》，其余四集《龙腾》《竞逐》《备战》《沉没》由学生线上观看，同时，教师专门安排出时间，对各组观影情况予以抽查，被抽取到的小组，由各组代表分享其余四集中任一集纪录片的观影心得，或由教师指定其中一集纪录片分享观影心得。

## 拓展阅读

阅读《马克思恩格斯选集》(第一卷，人民出版社，2012 年，第 790—793 页)的《英人在华的残暴行动》。阅读时，可采用分组分段领读并逐段分享阅读心得，或分组对全文片段予以交流分享。

## 巩固测验

### 一、选择题

1.（　　）是最能体现太平天国社会理想和这次农民起义特色的纲领性文件。

A.《资政新篇》

B.《天朝田亩制度》

C.《变法通议》

D.《海国图志》

2. 中国近代历史上第一个比较系统的发展资本主义的方案是（　　）。

A.《资政新篇》

B.《天朝田亩制度》

C.《变法通议》

D.《海国图志》

3. 太平天国由盛转衰的分水岭是（　　）。

A. 金田起义

B. 北伐、西征

C. 天京城外破围战

D. 天京事变

4. 洋务运动的主张是（　　）。

A.“自强”和“振兴”

B.“自强”和“求富”

C.“求富”和“振兴”

D.“自强”和“自由”

5. 洋务运动建立起的清政府海军主力是（　　）。

A. 福建水师

B. 广东水师

C. 北洋水师

D. 南洋水师

6. 洋务运动失败的标志是（　　）。

A. 鸦片战争

B. 中日甲午战争

C. 中法战争

D. 八国联军侵华战争

7. 从19世纪60到90年代，洋务派举办的洋务事业不包括（　　）。

A. 兴办近代企业

B. 建立新式海陆军

C. 开设近代金融机构

D. 创办新式学堂，派遣留学生

8. 资产阶级维新派的代表人物不包括（　　）。

A. 康有为

B. 梁启超

C. 谭嗣同

D. 张之洞

9. 维新派与守旧派的论战主要围绕的问题不包括（　　）。

A. 要不要学习西方先进科学技术

B. 要不要变法

C. 要不要兴民权、设议院，实行君主立宪

D. 要不要废八股、改科举和兴西学

10. “百日维新”如同昙花一现，只经历了103天就夭折了，除了（　　）被保留外，其余变法措施大都被废除。

A. 改革财政

B. 京师大学堂

C. 改练新式陆军

D. 裁汰冗员

## 二、简答题

1. 太平天国起义的历史意义是什么？

2. 洋务运动失败的原因是什么？

3. 维新派的局限性是什么？

## 参考答案

一、B A D B C B C D A B

二、

1.（1）太平天国起义沉重打击了封建统治阶级，强烈撼动了清政府的统治根基。

（2）太平天国起义是中国旧式农民战争的最高峰。它把千百年来农民对拥有土地的渴望在《天朝田亩制度》中比较完整地表达了出来。《资政新篇》则是中国近代历史上第一个比较系统的发展资本主义的方案。

（3）太平天国起义冲击了孔子和儒家经典的正统权威，在一定程度上削弱了封建统治的精神支柱。

（4）太平天国起义还有力地打击了外国侵略势力。

（5）在 19 世纪中叶的亚洲民族解放运动中，太平天国起义是其中时间最久、规模最大、影响最深的一次。它和其他亚洲国家的民族解放运动汇合在一起，冲击了西方殖民主义者在亚洲的统治。

2.（1）洋务运动具有封建性。洋务运动的指导思想是“中学为体，西学为用”，企图以吸取西方近代生产技术为手段，来达到维护和巩固中国封建统治的目的，这就决定了它必然失败的命运。

（2）洋务运动对列强具有依赖性。洋务运动进行时，清政府已与西方国家签订了一批不平等条约，西方列强正是依据种种特权，从政治、经济等各方面加紧对中国的侵略和控制，它们并不希望中国真正富强起来。而洋务派官员却一再主张对外“和戎”，其所兴办的企业一切仰赖外国，他们企图依赖外国来达到“自强”“求富”的目的，无异于与虎谋皮。

（3）洋务企业的管理具有腐朽性。洋务派所创办的一些新式企业虽然具有一定的资本主义性质，但其管理基本上仍是封建衙门式的。企业内部极其腐败，充斥着营私舞弊、贪污受贿、挥霍浪费等官场恶习。

正因为如此，洋务运动不可能为中国摆脱贫弱找到出路，也不可能避免最终失败的命运。

3. 维新派本身的局限性突出地表现在以下三个方面：

（1）不敢否定封建主义。他们在政治上不敢根本否定封建君主制度，只是幻想依靠光绪皇帝“以君权雷厉风行”，通过和平、合法的手段，实现自上而下的改良，让资产阶级和开明士绅的代表参加政权，逐步实现君主立宪。在经济上，他们虽然要求发展民族资本主义，却未触及封建主义的经济基础——封建土地所有制。在思想上，他们虽然提倡学习西学，却仍要打着孔子的旗号，借古代圣贤之名“托古改制”。

（2）对帝国主义抱有幻想。他们虽然大声疾呼救亡图存，却又幻想西方列强能帮助自己变法维新。维新派尖锐地揭露了俄国侵华的事实，却幻想依靠与英、日结成同盟来抵抗俄国。英、日帝国主义虽然表面上同情维新派，但实质上只是为了乘机扩大在华侵略势力，并寻找它们在中国的代理人，同时也是为了与俄国进行争夺。因此，在戊戌政变前夕，维新派分别乞求英、美、日公使的支持，结果都落了空。

（3）惧怕人民群众。维新派的活动基本上局限于官僚士大夫和知识分子的小圈子。他们不但脱离人民群众，而且惧怕甚至仇视人民群众。“回天之力”存在于亿万民众之中，这是维新派的志士们所没有认识到的。

# 第三章 辛亥革命与君主专制制度的终结

## 本章导学

本章讲述的主要是辛亥革命的酝酿、兴起、发动及失败的过程，同时揭示了它失败的深刻道理，即要完成争取民族独立、人民解放和实现国家富强、人民富裕的历史任务，必须以一个先进的阶级为基本依靠，由一个以科学理论为基础的政党来领导。

本章学习的目标：（1）了解辛亥革命爆发的历史条件，分析革命派与改良派论战的内容与结局，认识进行资产阶级民主革命的必要性、正义性和进步性；（2）了解孙中山的三民主义和资产阶级共和国方案，认识辛亥革命推翻封建帝制、建立民国的意义与近代中国的第一次历史性巨变；（3）了解辛亥革命失败的原因，总结其失败的教训，正确认识资产阶级民主共和国方案的局限性，认识资产阶级领导的旧民主主义革命让位于无产阶级领导的新民主主义革命是历史的必然趋势。

## 知识框架

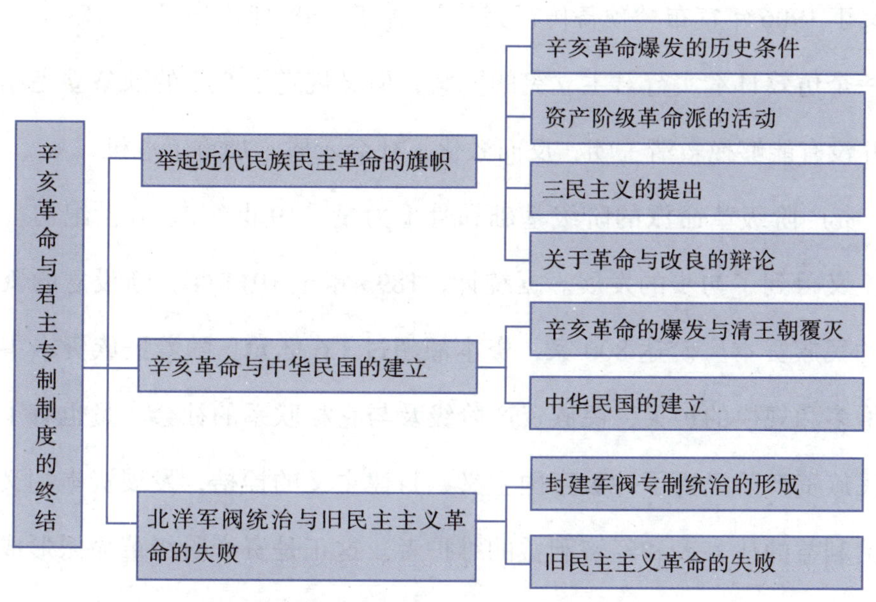


## 内容梳理

### 1. 辛亥革命爆发的历史条件有哪些？

（1）民族危机加深，社会矛盾激化。资产阶级革命运动的发生，是当时民族危机加深、社会矛盾激化的结果，具有历史的必然性。它是当时中国人民争取民族独立、振兴中华深切愿望的集中反映，是当时中国人民为救亡图存而前赴后继顽强斗争的集中体现。20 世纪初，帝国主义列强在迫使中国签订《辛丑条约》以后，加强了对清政府的政治控制，多方扩展在华经济势力，再加上各级官吏中饱私囊，致使民怨沸腾。社会矛盾进一步激化了。

（2）清末“新政”及其破产。为了摆脱困境，清政府于 1901 年 4 月成立督办政务处，宣布实行“新政”。此后，陆续推行了一些方面的改革，包括：设立商部、学部、巡警部等中央行政机构；裁撤绿营，建立新军；颁布商法商律，奖励工商；鼓励留学，颁布新的学制，并下令从1906年起正式废除科举考试。迫于内外压力，清政府又于1906年宣布“预备仿行宪政”，并于1908年颁布了《钦定宪法大纲》，制定了一个仿效日本实行君主立宪的方案，但又规定了9年的预备立宪期限。预备立宪并没有能够挽救清王朝，反而激化了社会矛盾，加重了危机。

（3）资产阶级革命派的阶级基础和骨干力量。19世纪末20世纪初，中国民族资本主义得到了初步的发展。据统计，1895年至1911年，新设立的资本额超过万元的民族资本厂矿达800家，资本额超过1.6亿元。随着民族资本主义企业数量的增多和规模的扩大，民族资产阶级及与它相联系的社会力量也有了明显的发展。民族资产阶级为了冲破帝国主义、封建主义的桎梏，发展资本主义，需要自己政治利益的代言人和经济利益的维护者。这正是资产阶级革命派形成的阶级基础。资产阶级革命派的骨干是一批资产阶级、小资产阶级知识分子。这些青年学生接触到近代西方资本主义的思想文化，其中不少人在民族危难加深、群众自发斗争高涨形势的推动下，开始摸索救国救民的新道路。这些青年知识分子，成为辛亥革命的中坚力量。

### 2. 孙中山“三民主义”学说的主要内容是什么？

1905年11月，在同盟会机关报《民报》发刊词中，孙中山将同盟会的纲领概括为三大主义，即民族主义、民权主义、民生主义，后被称为“三民主义”。

（1）民族主义，包括“驱除鞑虏，恢复中华”两项内容。一是要以革命手段推翻清朝政府，改变它一贯推行的民族歧视和民族压迫政策；二是建立中华民族“独立的国家”。孙中山指出，民族主义不是简单的排满，不是针对一切满人，而是“要将满洲政府所有压制人民之手段、专制不平之政治、暴虐残忍之刑罚、勒派加抽之苛捐以及满洲政府所纵容之虎狼官吏，一切扫除”。也就是要结束清政府的专制统治及其媚外政策。

（2）民权主义，指的是“创立民国”，即推翻封建君主专制制度，建立资产阶级民主共和国。这就是孙中山所说的政治革命。政治革命的目的是建立民国。《军政府宣言》指出：“凡为国民皆平等以有参政权。大总统由国民公举。议会以国民公举之议员构成之。制定中华民国宪法，人人共守。敢有帝制自为者，天下共击之！”孙中山强调，政治革命应当与民族革命并行。民族革命是扫除“现在的恶劣政治”，而政治革命则是扫除“恶劣政治的根本”，从而把斗争矛头直接指向集国内民族压迫与封建专制统治于一身的清政府。

（3）民生主义，指的是“平均地权”，也就是孙中山所说的社会革命。孙中山主张核定全国土地的地价，其现有之地价，仍属原主；革命后的增价，则归国家，为国民共享。国家还可按原定地价收买地主的土地。他认为，西方资本主义发展中的诸多社会问题，其根源在于未能解决土地问题，因此他试图探讨一种一劳永逸的办法，即使中国富强，又避免产生贫富悬殊的现象，避免社会危机。为此，他希望“举政治革命、社会革命毕其功于一役”。

三民主义学说，初步描绘出中国还不曾有过的资产阶级共和国方案，是一个比较完整而明确的资产阶级民主革命纲领。它的提出，对推动革命的发展产生了重大而积极的影响。

### 3. 如何理解中华民国临时政府的性质及其局限性？

1912 年 1 月 1 日，孙中山在南京宣誓就职，改国号为中华民国，定 1912 年为民国元年，并成立中华民国临时政府。从其性质而言，南京临时政府是一个资产阶级共和国性质的革命政权。主要体现在两个方面：

（1）资产阶级革命派在这个政权中占有领导和主体的地位。除孙中山作为临时大总统拥有统治全国和统率海、陆军之权外，陆军、外交等重要部的总长和所有各部的次长全由革命党人担任。在作为国家立法机关的临时参议院中，同盟会会员也占多数。

（2）南京临时政府制定的各项政策措施，集中代表和反映了中国民族资产阶级的愿望和利益，在相当程度上也符合广大中国人民的利益。例如：扫除种种封建弊端，保护人权；鼓励发展资本主义工商业，提倡兴办工厂、矿山、银行、垦殖事业等；宣布禁止刑讯，保护华侨、禁止贩卖华工，禁止买卖人口、废除奴婢，禁止种植和吸食鸦片等；宣布改革文化教育制度，否定忠君尊孔教育，废止小学读经，禁用清政府学部颁行的各种教科书等。

南京临时政府也有它的局限性，例如，在南京临时政府的《告友邦书》中，就企图用承认清政府与列强所签订的一切不平等条约和清政府所欠的一切外债，来换取列强承认中华民国。南京临时政府也没有提出任何可以满足农民土地要求的政策和措施，反而以保护私有财产为借口，去维护封建土地制度以及官僚、地主所占有的土地和财产。

### 4. 为什么说辛亥革命引起了近代中国的历史性巨大变革?

在近代历史上，辛亥革命是中国人民为救亡图存、振兴中华而奋起革命的一座里程碑，它使中国发生了历史性的巨变，具有伟大的历史意义。

（1）辛亥革命推翻了封建势力的政治代表、帝国主义在中国的代理人清王朝的统治，沉重打击了中外反动势力，使中国反动统治者在政治上乱了阵脚。在这以后，帝国主义和封建势力在中国再也不能建立起比较稳定的统治，从而为中国人民斗争的发展开辟了道路。

（2）辛亥革命结束了中国延续两千多年的封建君主专制制度，建立了中国历史上第一个资产阶级共和政府，使民主共和的观念开始深入人心，并在中国形成了“敢有帝制自为者，天下共击之”的民主主义观念。正因为如此，当袁世凯、张勋先后复辟帝制时，均受到了社会舆论的强烈谴责和人民群众的坚决反抗。

（3）辛亥革命推动了中国人民的思想解放。自古以来，皇帝被看作至高无上、神圣不可侵犯的绝对权威，如今连皇帝都可以被打倒，那么还有什么陈腐的东西不可以被怀疑、不可以被抛弃？辛亥革命激发了人民的爱国热情和民族觉醒，打开了禁锢思想进步的闸门。

（4）辛亥革命推动了中国的社会变革，促使中国的社会经济、思想习惯和社会风俗等方面发生了新的积极变化。南京临时政府成立后，以振兴实业为目标，设立实业部，先后颁布了一系列有利于工商业发展的政策和措施，以推动民族资本主义经济的发展，使随后的几年成了资本主义发展的“黄金时代”。革命政府还提倡社会新风，扫除旧时代的“风俗之害”。如：以公元纪年，改用公历；下级官吏见上级官吏不再行跪拜礼；男子以“先生”“君”的互称取代“老爷”等称呼；男子剪辫、女子放足之风迅速席卷全国等。这些变化不仅改变了社会风气，也有助于人们的精神解放。

（5）辛亥革命不仅在一定程度上打击了帝国主义的侵略势力，而且推动了亚洲各国民族解放运动的高涨。

### 5. 为什么说袁世凯窃夺辛亥革命的果实之后建立的是代表大地主和买办资产阶级利益的北洋军阀反动政权？

（1）在政治上，北洋政府实行军阀官僚的专制统治。以袁世凯为首的封建军阀大力扩充军队，建立特务、警察系统。他们制定《暂行新刑律》《戒严法》等一系列反动法令，剥夺《临时约法》赋予人民的言论、出版、集会、结社等各种政治权利，任意逮捕、杀害革命党人和无辜民众。

（2）在经济上，北洋政府竭力维护帝国主义、地主阶级和买办资产阶级的利益。军阀、官僚本身就是大地主，他们还以各种手段兼并土地。袁世凯在河南安阳等县占有的土地就有 4 万多亩，奉系军阀张作霖在东北占地 150 万亩。许多自耕农和半自耕农陷入破产和丧失土地的境地，变成佃农和雇农。北洋政府还通过“清丈地亩”、征收各种苛捐杂税等手段，对农民进行敲骨吸髓的压榨。

（3）在文化思想方面，尊孔复古思潮猖獗一时。1913 年 6 月，袁世凯向全国发布《通令尊崇孔圣文》。不久，又命令全国恢复祀孔、祭孔典礼，恢复跪拜礼节，中、小学恢复尊孔读经。一些清朝遗老遗少、保守分子纷纷组织尊孔复古团体，发行尊孔刊物。他们攻击民主共和，宣传封建伦常，甚至要求将孔教定为“国教”。一些帝国主义分子也鼓吹孔教是“中国独一无二之根本”，只有尊孔才能避免“人人之心皆为革命所颠倒”。

总之，北洋政府从政治上、经济上和文化思想上对辛亥革命进行了全面的反攻倒算。中国重新落入了黑暗的深渊。孙中山本人沉痛地说过，当时中国“政治上、社会上种种黑暗腐败比前清更甚，人民困苦日甚一日”。资产阶级革命派在中国建立一个独立、民主的资产阶级共和国的梦想破灭了。

### 6. 辛亥革命失败的原因及历史启示有哪些？

从根本上说，是因为在帝国主义时代，在半殖民地半封建的中国，资本主义的建国方案是行不通的。帝国主义与以袁世凯为代表的大地主大买办势力以及旧官僚、立宪派一起勾结起来，从外部和内部绞杀了这场革命。

从主观方面来说，辛亥革命的失败，在于它的领导者资产阶级革命派本身存在着许多弱点和错误。主要有：

（1）没有提出彻底的反帝反封建的革命纲领。他们没有明确提出反帝的口号，甚至幻想以妥协退让来换取帝国主义对中国革命的承认和支持。他们只强调反满和建立共和政体，并没有认识到必须反对整个封建统治阶级，致使一些汉族旧官僚、旧军官也混入革命的营垒。受当时政治局势的左右和妥协退让思想的支配，革命党人最后甚至还把政权拱手让给了袁世凯。后来，孙中山在回顾辛亥革命的历程并总结有关教训时说过：“曾几何时，已为情势所迫，不得已而与反革命的专制阶级谋妥协。此种妥协，实间接与帝国主义相调和。遂为革命第一次失败之根源。”

（2）不能充分发动和依靠人民群众。由于中国民族资产阶级同封建势力有千丝万缕的联系，因而不敢依靠反封建的主力军农民群众。在革命的过程中，资产阶级革命派虽然也曾经联合新军（多数是穿起军装的农民和学生）和会党（以游民和破产农民为主体的秘密结社），从而在一定程度上动员了群众的力量，但在清政府被推翻之后，他们并没有进一步去领导农民进行反封建的斗争。正因为中国民主革命的主力军农民没有被动员起来，这个革命的根基就显得相当单薄。正如毛泽东所说，国民革命需要一个大的农村变动。辛亥革命没有这个变动，所以失败了。

（3）不能建立坚强的革命政党，作为团结一切革命力量的强有力的核心。同盟会内部的组织比较松懈，派系纷杂，缺乏一个统一和稳定的领导核心。甚至有人主张“革命军起，革命党消”。有的还另建党派，自立山头。孙中山指出：辛亥革命之所以失败，“非袁氏兵力之强，实同党人心之涣”。

尽管辛亥革命最终失败了，但是，以孙中山为代表的中国民主革命的先驱者的业绩和不屈不挠的奋斗精神，永远是中国近代革命史上光辉的一页。同时，它也留给人们深刻的历史启示：辛亥革命的失败表明，资产阶级共和国的方案没有能够救中国，先进的中国人需要进行新的探索，为中国谋求新的出路。

## 课后实践

1. 主题教学。在理论课前 8 分钟开展“紧跟党走”主题教学。

2. 情境教学。有条件的学校，开展情境 VR 仿真教学或参观本地有关博物馆，通过 VR 技术或实地参观学习，了解中国人民探索中国道路的曲折历史，了解资产阶级革命派为什么不能领导中国革命，深入激发青年大学生爱党爱国的历史情感内涵。

3. 示范教学。安排学生在线听取有关“辛亥革命”等专题讲座，了解辛亥革命的历史意义，认识辛亥革命失败的主要原因，进一步认识“四个自信”的历史逻辑和理论逻辑。

4. 影片教学。集中或各自观看电影《辛亥革命》。

## 拓展阅读

阅读习近平总书记 2016 年 11 月 11 日在纪念孙中山先生 150 周年诞辰大会上的讲话，以及 2021 年 10 月 9 日在纪念辛亥革命 110 周年大会上的讲话。阅读时，可采用分组分段领读并逐段分享阅读心得，或分组对全文片段予以交流分享。

## 巩固测验

### 一、选择题

1. 1904—1905 年，在中国领土上爆发了一场列强争夺中国东北的战争，交战的双方是（　　）。

A. 美日

B. 英美

C. 英俄

D. 日俄

2. 20 世纪初，宣传民主革命思想的书籍不包括（　　）。

A.《猛回头》

B.《天演论》

C.《驳康有为论革命书》

D.《革命军》

3. 近代中国第一个领导资产阶级革命的全国性政党是（　　）。

A. 兴中会

B. 华兴会

C. 同盟会

D. 光复会

4.“三民主义”不包括（　　）。

A. 民主主义

B. 民族主义

C. 民权主义

D. 民生主义

5. 孙中山领导政治革命的目的是（　　）。

A. 反对帝国主义

B. 平均地权

C. 建立民国

D. 推翻清政府

6.（　　）掀起了辛亥革命的高潮，打开了清王朝统治的缺口。

A. 广州起义

B. 保路运动

C. 武昌起义

D. 护法运动

7. 中国历史上第一部具有资产阶级共和国宪法性质的法典是（　　）。

A.《民报》发刊词

B.《资政新篇》

C.《中华民国临时约法》

D.《中华民国约法》

8. 辛亥革命最重要的成果是（　　）。

A. 推翻清王朝的腐朽统治

B. 将帝国主义驱逐出中国

C. 建立中华民国

D. 平均分配土地

9. 袁世凯窃夺辛亥革命果实后建立的北洋军阀反动政权代表的是（　　）的利益。

A. 大地主和买办资产阶级

B. 大地主和民族资产阶级

C. 官僚地主和买办资产阶级

D. 官僚地主和民族资产阶级

10. 迫使袁世凯取消帝制的革命运动是（　　）。

A. 护国运动

B. 护法运动

C. 二次革命

D. 保路运动

## 二、简答题

1. 资产阶级革命派和改良派展开大论战的主要内容是什么？其影响是什么？

2. 辛亥革命的历史意义是什么？

3. 辛亥革命为什么会失败？

## 参考答案

一、D B C A C C C A A A

二、

1.（1）资产阶级革命派和改良派展开大论战的主要内容是要不要以革命手段推翻清王朝；要不要推翻帝制，实行共和；要不要进行社会革命。

（2）这场论战具有重大的意义。通过这场论战，划清了革命与改良的界限，传播了民主革命思想，促进了革命形势的发展。但这场论战也暴露了革命派在思想理论方面的弱点。比如，他们主张推翻清政府，但对“革命是否会招致帝国主义干涉”的问题不敢作出理直气壮的正面回答，只是希望通过“有秩序的革命”来避免动乱和帝国主义的干涉。他们所说的“国民”，主要还是指资产阶级及其知识分子，而不是广大的劳动群众。他们对封建地主土地所有制是否应该改革的问题也是语焉不详，并且反对贫苦农民“夺富人之田为己有”。这些理论和认识的局限不可避免地会影响辛亥革命的进程和结局。

2. 在近代历史上，辛亥革命是中国人民为救亡图存、振兴中华而奋起革命的一座里程碑，它使中国发生了历史性的巨变，具有伟大的历史意义。

第一，辛亥革命推翻了封建势力的政治代表、帝国主义在中国的代理人清王朝的统治，沉重打击了中外反动势力，使中国反动统治者在政治上乱了阵脚。在这以后，帝国主义和封建势力在中国再也不能建立起比较稳定的统治，从而为中国人民斗争的发展开辟了道路。

第二，辛亥革命结束了中国延续两千多年的封建君主专制制度，建立了中国历史上第一个资产阶级共和政府，使民主共和的观念开始深入人心。

第三，辛亥革命推动了中国人民的思想解放，激发了人民的爱国热情和民族觉醒，打开了禁锢思想进步的闸门。

第四，辛亥革命推动了中国的社会变革，促使中国的社会经济、思想习惯和社会风俗等方面发生了新的积极变化。

第五，辛亥革命不仅在一定程度上打击了帝国主义的侵略势力，而且推动了亚洲各国民族解放运动的高涨。

3. 辛亥革命的失败，从根本上说，是因为在帝国主义时代，在半殖民地半封建的中国，资本主义的建国方案是行不通的。尽管当时先进的中国人真诚地希望把中国建设成为资产阶级共和国，但是，帝国主义决不容许中国建立一个独立、富强的资产阶级共和国，从而使自己失去中国这个占世界人口四分之一的剥削、奴役的对象。因此，它们用政治、外交、军事、经济、财政等各种手段来破坏、干涉中国革命，扶植并支持它们的代理人袁世凯夺取政权。帝国主义与以袁世凯为代表的大地主大买办势力以及旧官僚、立宪派一起勾结起来，从外部和内部绞杀了这场革命。

从主观方面来说，辛亥革命的失败，在于它的领导者资产阶级革命派本身存在着许多弱点和错误。主要是：第一，没有提出彻底的反帝反封建的革命纲领。第二，不能充分发动和依靠人民群众。第三，不能建立坚强的革命政党，作为团结一切革命力量的强有力的核心。资产阶级革命派的这些弱点、错误，根源于中国民族资产阶级的软弱性和妥协性。辛亥革命的失败表明，资产阶级共和国的方案没有能够救中国，先进的中国人需要进行新的探索，为中国谋求新的出路。

# 第四章

# 中国共产党成立和中国革命新局面

## 本章导学

本章讲述的主要是，新文化运动后，尤其是1919年五四运动后，马克思主义开始在中国得到比较广泛的传播，在先进知识分子的推动下，马克思主义同中国工人运动相结合，中国共产党应运而生。中国共产党的成立是中国历史上开天辟地的大事变。从此，中国革命的面貌焕然一新。

本章学习的目标：（1）了解新文化运动的兴起、提出的口号，认识它的意义及局限性；（2）了解五四运动的历史特点，认识五四运动是中国新民主主义革命的开端；（3）了解中国共产党是马克思主义与中国工人运动结合的产物，深刻体会中国共产党的成立是“开天辟地的大事变”；（4）了解中国共产党成立后，中国革命呈现出的新面貌。

## 知识框架

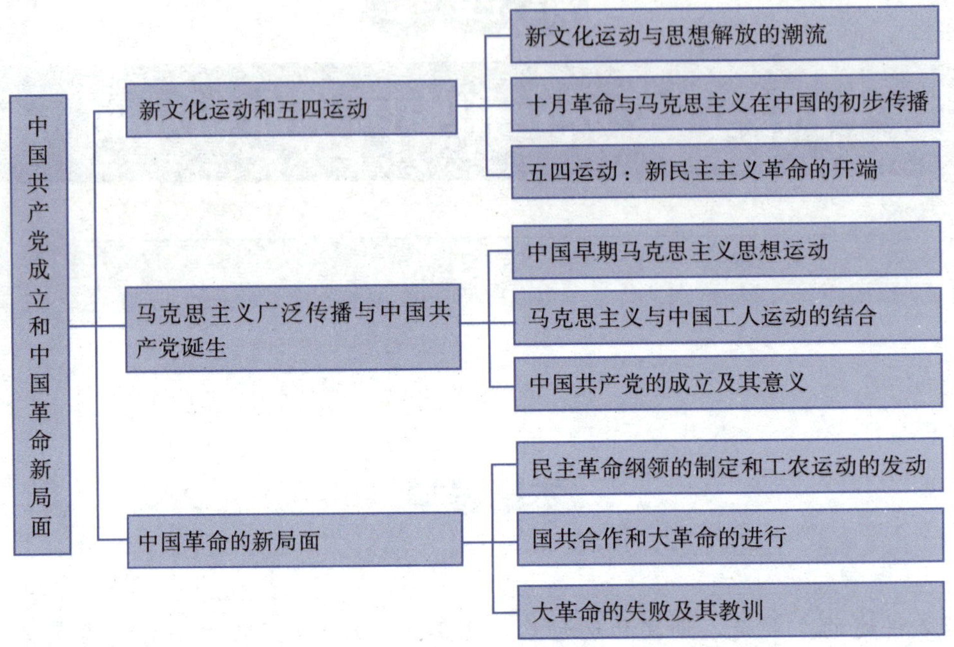


## 内容梳理

### 1. 如何理解新文化运动的进步意义与历史局限性?

（1）新文化运动的进步意义。

第一，新文化运动的倡导者以进化论观点和个性解放思想为主要武器，猛烈抨击以孔子为代表的“往圣先贤”，大力提倡新道德、反对旧道德，提倡新文学、反对旧文学，包括提倡白话文、反对文言文。通过批判孔学，动摇了封建正统思想的统治地位，在中国社会掀起一股思想解放的潮流。

第二，新文化运动的倡导者提倡民主、反对专制，提倡科学、反对迷信盲从，是切中时弊的。事实上，当封建主义还在政治和社会生活中占据支配地位的时候，对资产阶级民主主义的提倡，在客观上仍然具有振聋发聩的作用。

第三，新文化运动在社会上掀起的思想解放潮流，冲决了禁锢人们思想的闸门。而这个闸门一被打开，各种新思潮的涌流就不仅不可避免，而且是无法遏制的了。

（2）新文化运动的局限。

第一，新文化运动的倡导者批判孔学，是为了给中国发展资本主义扫清障碍。但是，由于资产阶级共和国的方案在中国行不通，所以从根本上说，提倡资产阶级民主主义，并不能为人们提供一种有效的思想武器去认识中国，去对中国社会进行改造。

第二，新文化运动的倡导者把改造国民性置于优先的地位。但是，离开改造产生封建思想的社会环境的革命实践，仅仅依靠少数人的呐喊，依靠有限的宣传手段，要根本改造由这种社会环境产生的思想、所造成的国民性，是不可能的。

第三，那时的许多领导人物，还没有马克思主义的批判精神，他们使用的方法，一般还是资产阶级的方法。他们中有的人看问题很片面，坏就是绝对的坏，好就是绝对的好。这种形式主义地看问题的方法，影响了运动后来的发展。

## 2. 为什么说五四运动是中国新民主主义革命的开端?

由于五四运动是在新的社会历史条件下发生的，它具有以辛亥革命为代表的旧民主主义革命所不具备的历史特点，具有伟大意义。

（1）就特点看，五四运动是一场以先进青年知识分子为先锋，广大人民群众参加的彻底反帝反封建的伟大爱国革命运动，是一场中国人民为拯救民族危亡、捍卫民族尊严、凝聚民族力量而掀起的伟大社会革命运动，是一场传播新思想新文化新知识的伟大思想启蒙运动和新文化运动，以磅礴之力鼓动了中国人民和中华民族实现民族复兴的志向和信心。

（2）就意义看，第一,五四运动是中国旧民主主义革命走向新民主主义革命的转折点，在近代以来中华民族追求民族独立和发展进步的历史进程中具有里程碑意义。它以彻底反帝反封建的革命性、追求救国强国真理的进步性、各族各界群众积极参与的广泛性，推动了中国社会进步，促进了马克思主义在中国的传播，促进了马克思主义同中国工人运动的结合，为中国共产党的成立做了思想上干部上的准备，为新的革命力量、革命文化、革命斗争登上历史舞台创造了条件。第二,五四运动孕育了以爱国、进步、民主、科学为主要内容的伟大五四精神，其核心是爱国主义。第三,五四运动改变了以往只有觉悟的革命者而缺少觉醒的人民大众的斗争状况，实现了中国人民和中华民族自鸦片战争以来的第一次全面觉醒。

总之，五四运动标志着中国新民主主义革命的开端。

### 3. 中国先进分子为什么选择了马克思主义的思想旗帜?

中国先进分子选择马克思主义的思想旗帜，走上马克思主义指引的道路，是他们经过长期的、艰苦的探索之后的必然结果。

（1）新文化运动正处在第一次世界大战期间，资本主义制度的内在矛盾已经比较充分地暴露出来，先进分子中的一些人在宣传西方资产阶级民主主义时，就已经开始对它有所怀疑和保留了。

（2）先进分子在民主科学思想传播中经常遭遇挫折，联想到过去中国人向西方学习的各种努力却屡屡失败的事实，他们对资产阶级共和国方案在中国的可行性产生了极大的疑问。

（3）十月革命的推动。十月革命是一个具有划时代意义的世界性的历史事件，改变了人类历史的发展进程，使先进分子从中看到了民族解放的新希望：经济文化落后的国家也可以用社会主义思想指引自己走向解放之路；十月革命诞生的社会主义俄国号召反对帝国主义，并以新的平等的态度对待中国，赢得了先进分子的好感，有力地推动了社会主义思想在中国的传播；十月革命中俄国工人、农民和士兵群众的广泛发动并由此赢得胜利的事实，给予中国先进分子新的革命方法的启示，推动他们去研究这个革命所遵循的主义。

（4）五四运动中，中国工人阶级登上历史舞台，展现出了比资产阶级知识分子更加强大的力量，使中国先进知识分子对马克思主义运用于中国革命的前景产生了极大的希望。

### 4. 早期马克思主义思想运动有哪些特点?

第一，重视对马克思基本理论的学习，明确地同第二国际的社会民主主义划清界限。

第二，注意从中国的实际出发，学习、运用马克思主义。

第三，开始提出知识分子应当同劳动群众相结合的思想。

### 5. 如何理解中国共产党成立的历史意义?

中国共产党的成立，是中华民族发展史上一个开天辟地的大事变，具有伟大而深远的意义。

（1）近代以后中国人民的反帝反封建斗争之所以屡遭挫折和失败，最重要的原因就是没有先进的坚强的政党作为凝聚力量的领导核心。中国共产党的诞生，从根本上改变了这种局面。

（2）中国共产党一经成立，就把实现共产主义作为党的最高理想和最终目标，义无反顾肩负起实现中华民族伟大复兴的历史使命。中国人民由此踏上了争取民族独立、自身解放的光明道路，开启了实现国家富强、人民富裕的历史征程。

中国共产党的先驱们创建了中国共产党，形成了坚持真理、坚守理想，践行初心、担当使命，不怕牺牲、英勇斗争，对党忠诚、不负人民的伟大建党精神，这是中国共产党的精神之源。正是对这一精神的坚守与践行、光大与发扬，构建起中国共产党人的精神谱系，激励中国共产党和中国人民创造了人间奇迹。

（3）中国共产党的成立，深刻改变了近代以后中华民族发展的方向和进程，深刻改变了中国人民和中华民族的前途和命运，深刻改变了世界发展的趋势和格局。

### 6. 中国共产党成立后中国革命呈现出哪些新面貌？

（1）第一次提出了反帝反封建的民主革命纲领，为中国人民指出了明确的斗争目标。1922年7月在上海举行的中国共产党第二次全国代表大会，通过对中国社会经济政治状况的分析，揭示出中国社会的半殖民地半封建性质，指出党的最高纲领是实现社会主义、共产主义，但党在现阶段的纲领，即最低纲领是：打倒军阀；推翻国际帝国主义的压迫；统一中国为真正民主共和国。大会指出，为实现反帝反军阀的革命目标，必须联合全国一切革命党派，联合资产阶级民主派，组成“民主主义的联合战线”。

（2）发动工农群众开展革命斗争。通过领导工人斗争，中国共产党密切了同工人阶级的联系，党的自身建设也得到加强。在集中力量领导工人运动的同时，中国共产党也开始从事发动农民的工作。

### 7. 大革命失败的原因是什么？

（1）从客观上说，是由于反革命力量强大，资产阶级发生严重动摇，蒋介石集团、汪精卫集团先后叛变革命。

（2）从主观上说，一是由于这时的中国共产党还处在幼年时期，缺乏应对复杂环境的政治经验，缺乏对中国社会和中国革命基本问题的深刻认识，还不善于将马克思列宁主义基本原理同中国革命的具体实际结合起来；二是由于中共中央领导机关在大革命后期犯了右倾机会主义错误，放弃了无产阶级对于农民群众、城市小资产阶级和民族资产阶级的领导权，尤其是对武装力量的领导权。

### 8. 中国共产党从大革命的失败中得到了什么教训？

大革命从兴起到失败的经验教训表明：

（1）中国共产党能否将马克思主义基本原理同中国革命的具体实际紧密结合，对中国革命至关重要。

（2）中国共产党不但要建立革命的统一战线，而且要始终保持自身的独立性，实行“又团结又斗争”的方针，争取无产阶级在革命中的领导权。同时，根据中国当时的实际国情，要取得革命的胜利，必须坚持武装斗争，组建由党直接统率和指挥的军队；必须解决农民的土地问题，以充分发动农民参加革命，扩大革命力量；党必须加强自身建设，加强党的民主集中制，既要发展党的组织和注重党员的数量，更要巩固党的组织和注重党员质量。只有正确认识和解决这些问题，党才能领导中国革命事业走向成功。

## 课后实践

1. 主题教学。在理论课前 8 分钟开展“紧跟党走”主题教学。

2. 情境教学。有条件的学校，开展情境 VR 仿真教学或参观上海“一大”会址等，通过 VR 技术或实地参观学习，深入了解中国共产党的历史，深入了解中共一大会议的重大历史意义，了解中国共产党的成立是开天辟地的大事变。

3. 诵读教学。诵读《红色家书》，网上在线学习观摩优秀《红色家书》诵读视频，选其中一篇作为本小组的诵读视频，小组分工，集体协作，做好诵读前的各项准备。

4. 示范教学。阅读《毛泽东选集》（第一卷，人民出版社，1952 年，第 12—44 页）的《湖南农民运动考察报告》，以《湖南农民运动考察报告》为范例，以青年大学生校园学习、生活和消费为主题，各小组进行校园调研，并撰写一份考察报告，要求分工明确、主题鲜明、导向正确，字数不少于1000字。

5. 影片教学。集中或各自线上观看电影《建党伟业》。

## 拓展阅读

阅读习近平总书记2019年4月30日在纪念五四运动100周年大会上的讲话，以及2021年7月1日在庆祝中国共产党成立100周年大会上的讲话。阅读时，可采用分组分段领读并逐段分享阅读心得，或分组对全文片段予以交流分享。

## 巩固测验

### 一、选择题

1. 新文化运动的主要阵地是（　　）。

A. 北京大学和《新青年》杂志

B. 北京大学

C.《新青年》杂志

D. 清华大学和《新青年》杂志

2. 新文化运动的两大基本口号是（　　）。

A. 民主和革命

B. 民主和自由

C. 民主和科学

D. 自由和革命

3. 在中国大地上最先举起马克思主义旗帜的是（　　）。

A. 陈独秀

B. 李大钊

C. 胡适

D. 毛泽东

4. 五四运动的直接导火线是（　　）。

A. 日本提出“二十一条”

B. 第一次世界大战爆发

C. 北京大学的学生游行示威

D. 巴黎和会上中国外交的失败

5. 五四运动后期，斗争的主力是（　　）。

A. 学生

B. 工人

C. 商人

D. 农民

6. 不属于中国早期马克思主义者的是（　　）。

A. 陈独秀

B. 毛泽东

C. 董必武

D. 胡适

7. 中国工人阶级政党最早的组织，是在（　　）建立的。

A. 上海

B. 北京

C. 天津

D. 香港

8. 中国共产党的初心和使命是（　　）。

A. 研究和宣传马克思主义

B. 打倒列强、除军阀

C. 为中国人民谋幸福，为中华民族谋复兴

D. 领导和组织工人运动

9.（　　）第一次明确提出了反帝反封建的民主革命纲领。

A. 中共一大

B. 中共二大

C. 中共三大

D. 中共四大

10.（　　）的成功召开，标志着第一次国共合作的正式形成。

A. 中共一大

B. 中共二大

C. 国民党一大

D. 国民党二大

## 二、简答题

1. 为什么说五四运动是新民主主义革命的开端？

2. 中国共产党成立的历史特点是什么？中国共产党成立的历史意义是什么？

3. 中国共产党成立后，中国革命展现了怎样的新面貌？

4. 大革命失败的原因是什么？其历史意义是什么？

## 参考答案

一、A　C　B　D　B　D　A　C　B　C

二、

1. 由于五四运动是在新的社会历史条件下发生的，它具有以辛亥革命为代表的旧民主主义革命所不具备的历史特点，具有伟大意义。

（1）就特点看，五四运动是一场以先进青年知识分子为先锋，广大人民群众参加的彻底反帝反封建的伟大爱国革命运动，是一场中国人民为拯救民族危亡、捍卫民族尊严、凝聚民族力量而掀起的伟大社会革命运动，是一场传播新思想新文化新知识的伟大思想启蒙运动和新文化运动，以磅礴之力鼓动了中国人民和中华民族实现民族复兴的志向和信心。

（2）就意义看，第一，五四运动是中国旧民主主义革命走向新民主主义革命的转折点，在近代以来中华民族追求民族独立和发展进步的历史进程中具有里程碑意义。它以彻底反帝反封建的革命性、追求救国强国真理的进步性、各族各界群众积极参与的广泛性，推动了中国社会进步，促进了马克思主义在中国的传播，促进了马克思主义同中国工人运动的结合，为中国共产党的成立做了思想上干部上的准备，为新的革命力量、革命文化、革命斗争登上历史舞台创造了条件。第二，五四运动孕育了以爱国、进步、民主、科学为主要内容的伟大五四精神，其核心是爱国主义。第三，五四运动改变了以往只有觉悟的革命者而缺少觉醒的人民大众的斗争状况，实现了中国人民和中华民族自鸦片战争以来的第一次全面觉醒。

总之，五四运动标志着中国新民主主义革命的开端。

2.（1）中国共产党是在特定的社会历史条件下成立的。

一方面，它成立于俄国十月革命取得胜利，第二国际社会民主主义、修正主义破产之后。它所接受的，是具有完整的科学世界观和社会革命论的马克思主义。

另一方面，它是在半殖民地半封建中国的工人运动基础上产生的。中国工人阶级深受帝国主义、本国资产阶级和封建势力的三重压迫，具有坚强的革命性。

所以，中国共产党一开始就是一个以马克思列宁主义理论为基础的党，是一个区别于第二国际旧式社会改良党的新型工人阶级革命政党。

（2）中国共产党的成立，是中华民族发展史上一个开天辟地的大事变，具有伟大而深远的意义。

第一，近代以后中国人民的反帝反封建斗争之所以屡遭挫折和失败，最重要的原因就是没有先进的坚强的政党作为凝聚力量的领导核心。中国共产党的诞生，从根本上改变了这种局面。

第二，中国共产党一经成立，就把实现共产主义作为党的最高理想和最终目标，义无反顾肩负起实现中华民族伟大复兴的历史使命。中国人民由此踏上了争取民族独立、自身解放的光明道路，开启了实现国家富强、人民富裕的历史征程。

第三，中国共产党的成立，深刻改变了近代以后中华民族发展的方向和进程，深刻改变了中国人民和中华民族的前途和命运，深刻改变了世界发展的趋势和格局。

3. 中国共产党一经成立，中国革命就展现了新的面貌。主要是：

第一，第一次提出了反帝反封建的民主革命纲领，为中国人民指出了明确的斗争目标。

第二，发动工农群众开展革命斗争。

4.（1）大革命失败的原因，从客观方面来讲，是由于反革命力量强大，资产阶级发生严重动摇，蒋介石集团、汪精卫集团先后叛变革命。从主观方面来说，一是由于这时的中国共产党还处在幼年时期，缺乏应对复杂环境的政治经验，缺乏对中国社会和中国革命基本问题的深刻认识，还不善于将马克思列宁主义基本原理同中国革命的具体实际结合起来；二是由于中共中央领导机关在大革命后期犯了右倾机会主义错误，放弃了无产阶级对于农民群众、城市小资产阶级和民族资产阶级的领导权，尤其是对武装力量的领导权。

（2）大革命虽然失败了，但它的历史意义仍然是不可磨灭的。正是在这个时期，中国共产党人进行了轰轰烈烈的革命工作，领导了全国反帝反封建的伟大斗争，在中国革命史上写下了光荣的一页，同时开始探索马克思主义中国化的途径，初步提出了新民主主义革命的基本思想，并从大革命的失败中汲取了深刻的历史教训，开始懂得进行土地革命和掌握革命武装的重要性。正是由于经历了这场大革命，中国人民的觉悟程度和组织程度有了明显提高，中国共产党开始掌握了一部分革命武装。所有这些，为把中国革命推进到一个新的阶段——土地革命战争阶段准备了必要的条件。

# 第五章

# 中国革命的新道路

## 本章导学

本章主要讲述的是，1927年大革命失败后，以毛泽东为主要代表的中国共产党人坚持把马克思主义基本原理同中国革命实际结合起来，开辟了以农村包围城市为特征的中国革命新道路的艰辛历程。

本章学习的目标：（1）了解中国共产党开辟革命新道路的历史背景及其努力，懂得农村包围城市、武装夺取政权这一革命新道路对中国革命最终取得胜利的伟大意义；（2）认识农村包围城市、武装夺取政权的道路是中国共产党抵制党内教条主义和共产国际脱离中国实际的错误指导，坚持一切从中国实际出发，创造性地把马克思主义的基本理论与中国革命具体实践相结合的典范，是毛泽东思想的核心内容；（3）了解中国工农红军长征的伟大历史意义，认识长征精神的内涵及其重要的现实意义。

## 知识框架

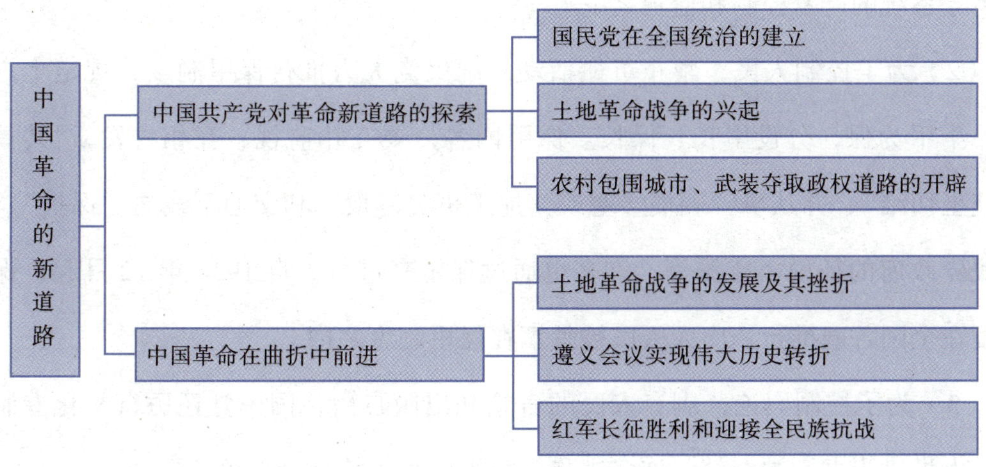


## 内容梳理

### 1. 如何认识南京国民党政权的性质及其军事独裁？

南京国民党政权的性质突出表现在两个方面：

（1）1927 年大革命失败以后，国民党已经不再是工人、农民、城市小资产阶级和民族资产阶级的革命联盟，而是变成一个由代表地主阶级、买办性的大资产阶级利益的反动集团所控制的政党，同北洋军阀的统治没有本质的区别。

（2）国民党所实行的是代表地主阶级、买办性大资产阶级利益的一党专政和军事独裁统治。

国民党政权建立后，国民党反动派在全国实行一党专政的军事独裁统治。

（1）为了镇压人民和消灭异己力量，国民党建立了庞大的军队和全国性特务系统。据 1929 年 3 月的官方材料，“全国军额达二百余万”；国民党建立的庞大特务系统，如隶属于国民党中央组织部的调查统计局（简称“中统”）和隶属于国民政府军事委员会的调查统计局（简称“军统”），其主要任务就是反对共产党，破坏革命运动，绑架或暗杀革命者和异己分子。总之，广大人民被置于国民党武装和特务系统的严密控制和监视之下。

（2）为了控制人民，禁止革命活动，国民党大力推行保甲制度，规定十户为甲，十甲为保，分设甲长、保长。保甲内各户要互相监视、互相告发，“共具联保连坐切结”，并从事“碉楼堡塞或其他工事之筹设”和交通干线之“保护”等；国民党政府的征税、摊派等，许多也通过保甲来进行。自 1934 年 12 月起，保甲制度在全国普遍推行，广大人民被禁锢在保甲制度之内。

（3）为了控制舆论，剥夺人民的言论和出版自由，国民党还厉行文化专制主义。大批进步书刊被查禁，许多进步作家被监视、拘捕乃至枪杀。

### 2. 以毛泽东为主要代表的中国共产党人是如何在革命实践中探索和开辟中国革命新道路的?

在国民党的白色恐怖统治下，怎样坚持革命，革命应当走什么道路？对此，中国共产党人开始了艰难的探索。农村包围城市、武装夺取政权的道路，是在党领导人民艰苦奋斗中开辟出来的。在中国革命新道路开辟过程中，毛泽东作出了卓越贡献，提出了农村包围城市、武装夺取政权的思想。

（1）毛泽东不仅在实践中首先把武装斗争的立足点放在农村，领导开创井冈山根据地，创造性地解决了为坚持和发展农村根据地所必须解决的一系列根本问题，而且从理论上逐步对中国革命道路问题作出明确说明。1928 年 10 月和 11 月，毛泽东写了《中国的红色政权为什么能够存在？》和《井冈山的斗争》两篇文章，明确指出以农业为主要经济的中国革命，以军事发展暴动，是一种特征；深刻论证了红色政权能够长期存在并发展的主客观条件，提出了工农武装割据的思想。1930 年 1 月，毛泽东在《星星之火，可以燎原》一文中进一步指出：红军、游击队和红色区域的建立和发展，是半殖民地中国在无产阶级领导之下的农民斗争的最高形式，和半殖民地农民斗争发展的必然结果，并且无疑义的是促进全国革命高潮的最重要因素。同年 5 月，毛泽东在《反对本本主义》一文中，提出“没有调查，没有发言权”和“中国革命斗争的胜利要靠中国同志了解中国情况”的重要思想，表现了毛泽东开辟新道路，创造新理论的革命首创精神。

（2）1929 年 12 月，红四军党的第九次代表大会（古田会议）在福建上杭县古田村召开。古田会议确立了马克思主义建党建军原则，创造性地解决了在农村环境中、在党组织和军队以农民为主要成分的条件下，如何保持党的无产阶级先锋队性质和建设党领导的新型人民军队的重大问题。党对军队的绝对领导，是人民军队永远不变的军魂，是人民军队完全区别于一切旧军队的政治特质和根本优势，对中国革命新道路的开辟和坚持具有重要意义。

（3）随着革命新道路的开辟，中国革命开始走向复兴。到 1930 年初，共产党领导人民群众建立了大小十几块农村根据地，红军发展到 7 万人，连同地方武装共约 10 万人。红军游击战争实际上已经成为中国革命的主要形式，农村根据地成为积蓄和锻炼革命力量的主要战略阵地。

### 3. 以王明为代表的“左”倾错误及其危害有哪些？

从大革命失败到遵义会议召开前，“左”倾错误先后在党中央领导机关取得了统治地位，尤其是以王明为代表“左”倾教条主义错误，使中国革命遭受严重挫折。

（1）1931 年 1 月，在共产国际执行委员会远东局书记米夫的直接干预下，中共扩大的六届四中全会在上海召开。缺乏实际斗争经验的王明不仅被补选为中央委员，而且成为中央政治局委员，以王明为代表的“左”倾教条主义错误在党的领导机关内占统治地位达 4 年之久。

王明等人的“左”倾错误的表现主要是破坏党的民主集中制、压制党内民主、大搞宗派主义，对坚持正确意见的或不对他们随声附和的同志，进行“残酷斗争”“无情打击”。在1931年11月召开的中央苏区党组织第一次代表大会上，毛泽东的正确主张被指责为“狭隘的经验论”“富农路线”“极严重的一贯的右倾机会主义错误”，剥夺了毛泽东对中央根据地红军的领导权。1932年10月，中共苏区中央局全体会议对毛泽东和他在红军中实行的战略战术原则进行错误的批评和指责。中共临时中央决定毛泽东回后方主持临时中央政府工作。

（2）王明等人的“左”倾教条主义错误，对中国革命造成了极其严重的危害。这次错误使红军和根据地损失了90%，国民党统治区党的力量几乎损失了100%。其最大的恶果，就是使红军在第五次反“围剿”作战中遭到失败，不得不退出南方根据地实行战略转移——长征。

### 4. 20世纪30年代前期中国共产党内屡次出现严重的“左”倾错误的原因是什么？

在20世纪30年代前期、中期，中国共产党内屡次出现严重的“左”倾错误，其原因是多方面的。除了八七会议以后党内一直存在着浓厚的“左”倾情绪始终没有得到认真清理，共产国际对中国革命的错误指导外，主要在于党的马克思主义理论准备不足，缺乏实践经验，对中国的历史状况和社会状况、中国革命的特点、中国革命的规律不甚了解，不善于把马克思列宁主义与中国实际全面地、正确地结合起来。

### 5. 如何理解遵义会议的重大历史意义？

1935年1月15日至17日，中共中央在遵义召开了政治局扩大会议，即遵义会议。

（1）遵义会议集中解决了当时具有决定意义的军事和组织问题。会议增选毛泽东为中央政治局常委，委托张闻天起草《中央关于反对敌人五次“围剿”的总结的决议》。会后不久，中央政治局常委决定由张闻天代替博古负总的责任，毛泽东为周恩来在军事指挥上的帮助者，后成立由毛泽东、周恩来、王稼祥组成的三人小组，负责全军的军事行动。

（2）遵义会议是党的历史上一个生死攸关的转折点。这次会议事实上确立了毛泽东在党中央和红军的领导地位，开始确立了以毛泽东为主要代表的马克思主义正确路线在党中央的领导地位，开始形成以毛泽东同志为核心的第一代中央领导集体，在最危急关头挽救了党，挽救了红军，挽救了中国革命。遵义会议的鲜明特点是坚持真理、修正错误，确立党中央的正确领导，创造性地制定和实施符合中国革命特点的战略策略。遵义会议开启了中国共产党独立自主解决中国革命实际问题的新阶段。

### 6. 红军长征胜利的伟大历史意义体现在哪些方面？

（1）中国工农红军长征是一次理想信念的伟大远征，是一次检验真理的伟大远征，是一次唤醒民众的伟大远征，是一次开创新局的伟大远征。

（2）长征的胜利，极大地促进了党在政治上和思想上的成熟。中国共产党进一步认识到，只有把马克思主义基本原理同中国革命具体实际结合起来，独立自主解决中国革命的重大问题，才能把革命事业引向胜利。

（3）长征的胜利，是中国革命转危为安的关键。毛泽东曾形象地指出：“长征是历史记录上的第一次，长征是宣言书，长征是宣传队，长征是播种机。”

（4）长征宣告了国民党反动派消灭中国共产党和红军的图谋彻底失败，宣告了中国共产党和红军肩负着民族希望胜利实现了北上抗日的战略转移，实现了中国共产党和中国革命事业从挫折走向胜利的伟大转折，开启了中国共产党为实现民族独立、人民解放而斗争的新的伟大进军。

（5）长征铸就了伟大的长征精神，这就是：把全国人民和中华民族的根本利益看得高于一切，坚定革命的理想和信念，坚信正义事业必然胜利的精神；为了救国救民，不怕任何艰难险阻，不惜付出一切牺牲的精神；坚持独立自主、实事求是，一切从实际出发的精神；顾全大局、严守纪律、紧密团结的精神；紧紧依靠人民群众，同人民群众生死相依、患难与共，艰苦奋斗的精神。长征精神为中国革命不断从胜利走向胜利提供了强大的精神动力。

### 7. 中国共产党是如何对历史经验进行深刻总结的?

红军长征到达陕北后，为端正思想路线，纠正错误，毛泽东、党中央用很大精力总结历史经验，加强共产党自身的思想理论建设。

（1）1935 年 12 月，毛泽东作《论反对日本帝国主义的策略》的报告，阐明党的抗日民族统一战线的新政策，系统说明了党的政治策略上的诸问题。

（2）1936 年 12 月，毛泽东写了《中国革命战争的战略问题》，总结土地革命战争中党内在军事问题上的争论，系统说明了有关中国革命战争战略方面的诸问题。

（3）1937 年夏，毛泽东在抗日军政大学讲授《实践论》《矛盾论》，从马克思主义认识论的高度，总结中国共产党的历史经验，揭露和批评党内的主观主义尤其是教条主义错误，深入论证马克思列宁主义基本原理同中国具体实际相结合的原则，科学阐明了党的马克思主义的思想路线。

以毛泽东为主要代表的党中央所进行的理论工作，对党的政治路线、军事路线和思想路线作了系统阐述，在理论上武装了全党，为即将到来的全民族抗日战争从思想上、政治上和组织上奠定了坚实基础。

## 课后实践

1. 主题教学。在理论课前 8 分钟开展“紧跟党走”主题教学。

2. 情境教学。开展原著品读的情境教学，阅读《毛泽东选集》(第一卷，人民出版社，1952 年，第 47—55 页）的《中国的红色政权为什么能够存在？》和《毛泽东选集》(第一卷，人民出版社，1952 年，第 94—104 页）的《星星之火，可以燎原》，回顾历史，以“假如我是一名红军战士”为题，把自己放入历史情境中，写出自己的真实思考，不少于 800 字。

3. 诵读教学。各小组任选一篇《红色家书》诵读，要求背诵诵读，配一首背景音乐，以小组为单位进行集体诵读，各小组须拍摄本组的诵读视频，作为作业上交。

4. 示范教学。以遵义会议或长征精神为题，请党史专家作主题报告。

5. 影片教学。集中或各自线上观看电影《建军大业》。

## 拓展阅读

阅读《弘扬伟大长征精神，走好今天的长征路》(节选自《习近平谈治国理政》第二卷，人民出版社，2017 年，第 47—58 页)，以及习近平总书记在庆祝中国人民解放军建军 90 周年大会上的讲话。阅读时，可采用分组分段领读并逐段分享阅读心得，或分组对全文片段予以交流分享。

# 巩固测验

## 一、选择题

1. 国民党在全国范围内建立起统治的标志事件是（　　）。

A. 宁汉合流

B. 东北易帜

C. 北伐胜利

D.《训政纲领》的通过

2. 为了控制人民，禁止革命活动，国民党在全国推行禁锢人民的（　　）。

A. 特务系统

B. 庞大的军队

C. 保甲制度

D. 文化专制

3. 在八七会议上，毛泽东提出的关于党和革命的著名论断是（　　）。

A. 枪杆子里面出政权

B. 没有调查，没有发言权

C. 农村包围城市，武装夺取政权

D. 星星之火，可以燎原

4. 打响了中国共产党武装反抗国民党反动统治第一枪的是（　　）。

A. 八七会议

B. 秋收起义

C. 广州起义

D. 南昌起义

5. 首次打出“工农革命军”旗号的是（　　）。

A. 八七会议

B. 秋收起义

C. 广州起义

D. 南昌起义

6. 毛泽东在（　　）一文中，提出了“没有调查，没有发言权”的重要思想。

A.《中国的红色政权为什么能够存在？》

B.《井冈山的斗争》

C.《星星之火，可以燎原》

D.《反对本本主义》

7.（　　）确立了思想建党、政治建军的原则。

A. 八七会议

B. 文家市会议

C. 古田会议

D. 三湾改编

8. 1931 年 11 月成立的中华苏维埃共和国，在政治上实行（　　）。

A. 人民代表大会制度

B. 工人代表大会制度

C. 农民代表大会制度

D. 工农兵代表大会制度

9. 遵义会议成立了由（　　）组成的三人小组，负责全军的军事行动。

A. 毛泽东、周恩来、王稼祥

B. 周恩来、毛泽东、张闻天

C. 毛泽东、张闻天、王稼祥

D. 周恩来、张闻天、王稼祥

## 二、简答题

1. 毛泽东是怎样从理论上阐述农村包围城市、武装夺取政权的理论的？

2. 遵义会议的历史意义是什么？

3. 长征精神的内涵是什么？

4. 在土地革命战争时期，以毛泽东为主要代表的中国共产党人是如何总结历史经验、加强党的思想理论建设的？

## 参考答案

一、B C A D B D C D A

二、

1. 在土地革命斗争时期，毛泽东不仅在实践中首先把武装斗争的立足点放在农村，领导开创井冈山根据地，创造性地解决了为坚持和发展农村根据地所必须解决的一系列根本问题，而且从理论上逐步对中国革命道路问题作出明确说明。1928 年 10 月和 11 月，毛泽东写了《中国的红色政权为什么能够存在？》和《井冈山的斗争》两篇文章，明确指出以农业为主要经济的中国革命，以军事发展暴动，是一种特征；深刻论证了红色政权能够长期存在并发展的主客观条件，提出了工农武装割据的思想。1930 年 1 月，毛泽东在《星星之火，可以燎原》一文中进一步指出：红军、游击队和红色区域的建立和发展，是半殖民地中国在无产阶级领导之下的农民斗争的最高形式，和半殖民地农民斗争发展的必然结果，并且无疑义的是促进全国革命高潮的最重要因素。同年 5 月，毛泽东在《反对本本主义》一文中，提出“没有调查，没有发言权”和“中国革命斗争的胜利要靠中国同志了解中国情况”的重要思想，表现了毛泽东开辟新道路，创造新理论的革命首创精神。

2. 遵义会议是党的历史上一个生死攸关的转折点。这次会议事实上确立了毛泽东在党中央和红军的领导地位，开始确立了以毛泽东为主要代表的马克思主义正确路线在党中央的领导地位，开始形成以毛泽东同志为核心的第一代中央领导集体，在最危急关头挽救了党，挽救了红军，挽救了中国革命。遵义会议的鲜明特点是坚持真理、修正错误，确立党中央的正确领导，创造性地制定和实施符合中国革命特点的战略策略。遵义会议开启了中国共产党独立自主解决中国革命实际问题的新阶段。

3. 伟大的长征精神的内涵包括：把全国人民和中华民族的根本利益看得高于一切，坚定革命的理想和信念，坚信正义事业必然胜利的精神；为了救国救民，不怕任何艰难险阻，不惜付出一切牺牲的精神；坚持独立自主、实事求是，一切从实际出发的精神；顾全大局、严守纪律、紧密团结的精神；紧紧依靠人民群众，同人民群众生死相依、患难与共、艰苦奋斗的精神。长征精神为中国革命不断从胜利走向胜利提供了强大精神动力。

4. 红军长征到达陕北后，为端正思想路线，纠正错误，毛泽东、党中央用很大精力总结历史经验，加强共产党自身的思想理论建设。

1935 年 12 月，毛泽东作《论反对日本帝国主义的策略》的报告，阐明党的抗日民族统一战线的新政策，系统说明了党的政治策略上的诸问题。1936 年 12 月，他写了《中国革命战争的战略问题》，总结土地革命战争中党内在军事问题上的争论，系统说明了有关中国革命战争战略方面的诸问题。1937 年夏，他在抗日军政大学讲授《实践论》《矛盾论》，从马克思主义认识论的高度，总结中国共产党的历史经验，揭露和批评党内的主观主义尤其是教条主义错误，深入论证马克思列宁主义基本原理同中国具体实际相结合的原则，科学阐明了党的马克思主义思想路线。

以毛泽东为主要代表的党中央所进行的理论工作，对党的政治路线、军事路线和思想路线作了系统阐述，在理论上武装了全党，为即将到来的全民族抗日战争从思想上、政治上和组织上奠定了坚实基础。

# 第六章 中华民族的抗日战争

## 本章导学

本章主要讲述的是，从1931年九一八事变日本在中国东北蓄意制造并发动的一场侵华战争为开端，到1945年中华民族迎来全民族抗战胜利的历史。国共两党实现第二次合作，形成了国民党领导的正面战场和共产党领导的敌后战场。中国共产党及其领导的人民力量成为中华民族抗日战争的中流砥柱。

本章学习的目标：（1）认清日本军国主义的侵华战争给中华民族造成的深重灾难；（2）认识以国共两党第二次合作为基础的抗日民族统一战线的伟大意义；（3）认识打败日本侵略者必须实行人民战争的路线，了解中国共产党的全面抗战路线、纲领、方针、政策，以及敌后游击战争的地位和作用；（4）懂得抗日战争是弱国战胜强国的范例并认识抗日战争胜利的主要原因和基本经验；（5）懂得抗日战争是近代以来中国人民第一次赢得完全胜利的民族解放战争；（6）了解国民党以及正面战场在抗日战争中的地位和作用；（7）懂得中国共产党及其领导的人民抗日力量是中华民族抗战的中流砥柱，以及中国人民抗日战争在世界反法西斯战争中的地位。

# 知识框架

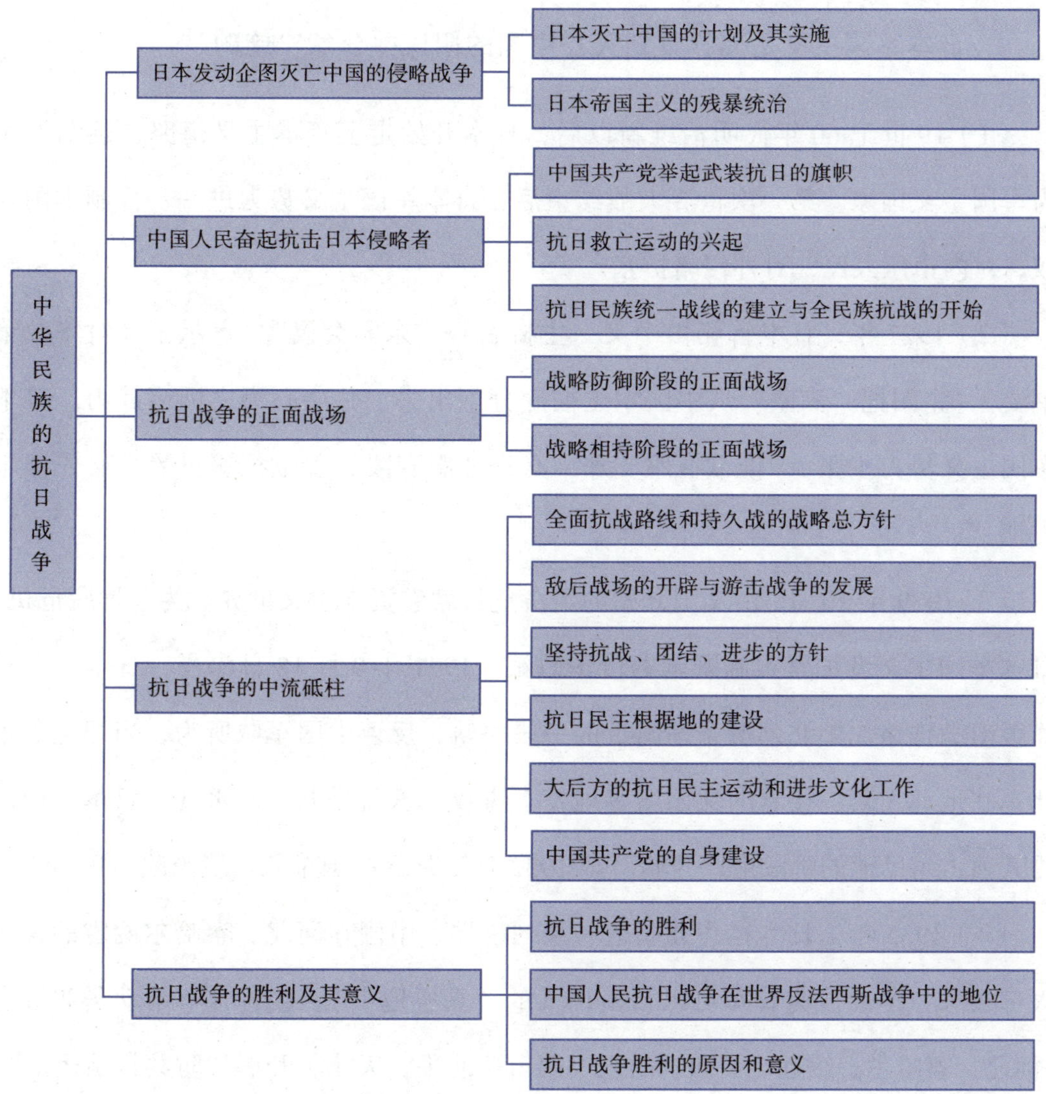

中华民族的抗日战争
日本发动企图灭亡中国的侵略战争
日本灭亡中国的计划及其实施
日本帝国主义的残暴统治
中国人民奋起抗击日本侵略者
中国共产党举起武装抗日的旗帜
抗日救亡运动的兴起
抗日民族统一战线的建立与全民族抗战的开始
抗日战争的正面战场
战略防御阶段的正面战场
战略相持阶段的正面战场
抗日战争的中流砥柱
全面抗战路线和持久战的战略总方针
敌后战场的开辟与游击战争的发展
坚持抗战、团结、进步的方针
抗日民主根据地的建设
大后方的抗日民主运动和进步文化工作
中国共产党的自身建设
抗日战争的胜利及其意义
抗日战争的胜利
中国人民抗日战争在世界反法西斯战争中的地位
抗日战争胜利的原因和意义

## 内容梳理

### 1. 日本军国主义是怎样策划灭亡中国的阴谋并公然实施的?

（1）19 世纪 60 年代明治维新以后，日本开始走上资本主义道路，逐渐发展为军国主义国家。第一次世界大战结束后，日本军国主义势力进一步控制本国政权，对内镇压人民，对外侵略扩张。

（2）1927 年，日本首相田中义一主持召开“东方会议”，宣示了《对华政策纲要》，企图把“满蒙”从中国本土彻底分割出去，并决心为之诉诸武力。日本军国主义势力主张：“惟欲征服支那，必先征服满蒙；如欲征服世界，必先征服支那。”

（3）1929 年 10 月，由美国开始的经济危机席卷资本主义世界。为了摆脱危机，日本军国主义者加紧实施既定的侵华政策。1931 年 9 月 18 日深夜，日本关东军炸毁南满铁路沈阳北郊柳条湖附近的一段路轨，反诬中国军队所为，当即炮轰东北军驻地北大营，接着向沈阳城等地发动进攻。这就是九一八事变。日本变中国为其独占殖民地的阶段由此开始。至 1932 年 2 月，中国东北全境沦陷。

（4）1935 年，日本在华北制造一系列事端，中国在河北、察哈尔两省的主权大部丧失，华北成为日军可以自由出入的“真空地带”。接着日本策动华北五省（河北、察哈尔、绥远、山西、山东）两市（北平、天津）开展“防共自治运动”，制造傀儡政权。这就是华北事变。

（5）华北事变后，日本加紧发动全面侵华战争的部署。1936 年 8 月，法西斯军人控制的广田弘毅内阁制定了“南攻南洋群岛、北攻西伯利亚”“先打中国”的侵略计划。11 月，日本同德国签订《反共产国际协定》，欧亚两个法西斯国家打着“反共”的旗号结成反动同盟。

（6）1937 年 7 月 7 日，卢沟桥事变爆发。当夜，日军在卢沟桥以北举行军事演习，借口一名士兵失踪，要求进入宛平县城搜查，遭拒绝后即开炮轰城，向中国驻军进攻。日本全面侵华战争由此开始。

### 2. 抗日民族统一战线是怎样形成的?

九一八事变后，中国共产党率先举起武装抗日旗帜。1935 年 8 月，中国共产党发表《八一宣言》，主张停止内战，组织国防政府和抗日联军，对日作战。1935 年 12 月，中共中央在陕北瓦窑堡召开政治局扩大会议，提出建立广泛的抗日民族统一战线是党的基本策略。1936 年 5 月 5 日，中国共产党向国民党政府发出《停战议和一致抗日通电》，将“反蒋抗日”政策转变为“逼蒋抗日”政策。1936 年 12 月 12 日，西安事变爆发，中共中央以中华民族团结抗日的大局为重，独立自主确定了用和平方式解决西安事变的方针，促成西安事变和平解决，为实现第二次国共合作、建立抗日民族统一战线创造了必要的前提条件。1937 年 9 月 22 日，国民党中央通讯社发表《中共中央为公布国共合作宣言》；23 日，蒋介石发表实际上承认共产党合法地位的谈话。以国共两党第二次合作为基础的抗日民族统一战线正式形成。

### 3. 如何评价国民党政府执行的抗战路线及正面战场的地位和作用?

（1）蒋介石集团在决心抗战的同时，害怕群众的广泛动员可能危及自身统治，因而实行片面抗战路线，即不敢放手发动和武装民众，将希望单纯寄托在政府和正规军的抵抗上；在战略战术上，进行单纯的阵地防御战。这使得大多数作战未能给敌人以更大消耗，并导致中国在短时间内丧失大片国土。

（2）在战略防御阶段，日本侵略者以国民党军队为主要作战对象。以国民党军队为主体的正面战场担负了抗击日军战略进攻的主要任务，组织了淞沪、忻口、徐州、武汉会战等一系列大战役。1938 年 3 月，李宗仁等部在台儿庄战役中取得大捷。

（3）抗日战争进入相持阶段后，日本对国民党政府采取以政治诱降为主、军事打击为辅的方针。国民党在重申坚持持久抗战的同时，其对内对外政策发生重大变化。1939 年 1 月，国民党五届五中全会决定成立“防共委员会”，确定“防共、限共、溶共、反共”的方针。蒋介石还将“抗战到底”解释为“恢复到卢沟桥事变以前的状态”。这标志着国民党政府逐步转变为消极抗战。

### 4. 中国共产党领导的游击战争在整个抗战中具有怎样的战略地位?

在全民族抗战中，游击战被提到战略地位，具有全局性意义。

（1）在战略防御阶段，从全局看，国民党正面战场的正规战是主要的，敌后的游击战是辅助的。但是，游击战在敌后的广泛开展和敌后抗日根据地的开辟，迫使敌人不得不把用于进攻的兵力抽调回来保守其占领区，从而对阻止日军进攻、减轻正面战场压力、使战争转入相持阶段起了关键性作用。

（2）在战略相持阶段，敌后游击战争成为主要的抗日作战方式。日军逐步将主要兵力用于打击敌后战场的人民军队，以保持和巩固其占领地。1939 年至 1940 年，仅华北地区的日军出动千人以上对敌后抗日根据地的大“扫荡”就有 109 次，使用的总兵力达 50 万人以上。为打击日本侵略者，人民军队在有利条件下也进行过运动战。如 1940 年 8 月至翌年 1 月，八路军总部在华北发动了一次大规模的对日军的进攻，陆续参战部队达 105 个团 20 余万人，史称百团大战。但是，人民军队在大部分时间里所进行的主要是游击战。削弱敌人、壮大自己，逐步改变敌强我弱的态势，为实行战略反攻准备条件，这个任务主要是由人民军队进行的游击战来完成的。

（3）为人民军队进行战略反攻准备了条件。在 1945 年 8 月反攻阶段到来前夕，人民军队已经发展到 120 万人、民兵为 220 万人，根据地达 19 块。

## 5. 毛泽东《论持久战》的主要内容及意义是什么?

1938 年 5 月至 6 月间，毛泽东发表《论持久战》的讲演，总结全民族抗战 10 个月以来的经验，批驳了“亡国论”“速胜论”等错误观点，系统地阐明了持久战方针。

（1）中日战争是半殖民地半封建的中国和帝国主义的日本之间在 20 世纪 30 年代进行的一个决死的战争。一方面，日本是强国，中国是弱国，强国弱国的对比，决定了抗日战争只能是持久战。另一方面，日本是小国，发动的是退步的、野蛮的侵略战争，在国际上失道寡助；而中国是大国，进行的是进步的、正义的反侵略战争，在国际上得道多助。中国已经有了代表中华民族和中国人民根本利益的、在政治上成熟的中国共产党及其领导的抗日根据地和人民军队。因此，最后胜利又将是属于中国的。

（2）科学预见了抗日战争的发展进程，即抗日战争将经过战略防御、战略相持、战略反攻三个阶段。其中，战略相持阶段是最关键阶段。只要坚持持久抗战、坚持抗日民族统一战线，中国将在这个阶段获得转弱为强的力量。

《论持久战》系统阐明了抗日战争的发展规律和坚持抗战、争取抗战胜利必须实行的战略总方针，是中国共产党领导抗日战争的纲领性文献，对全国抗战的战略指导产生了积极影响。

## 6. 中国共产党在抗日统一战线中为什么强调坚持独立自主的原则?

全民族抗战伊始，中共中央就提出必须在统一战线中坚持独立自主原则。为此，共产党必须保持在思想上、政治上和组织上的独立性，放手发动群众，壮大人民力量；必须坚持对人民军队的绝对领导，冲破国民党的限制和束缚，努力发展人民武装和抗日根据地；必须对国民党采取又团结又斗争、以斗争求团结的方针。这样做的目的，就是力争中国共产党对抗日战争的领导权，使自己成为团结全民族抗战的中坚力量。这是把抗日战争引向胜利的中心一环。

### 7. 抗战时期中国共产党如何加强自身建设以及取得哪些重大成果?

（1）“马克思主义的中国化”命题的提出。1938 年 9 月至 11 月，中国共产党在延安召开了扩大的六届六中全会。在这次全会上，毛泽东明确提出“马克思主义的中国化”命题。他强调：“马克思主义的中国化，使之在其每一表现中带着中国的特性，即是说，按照中国的特点去应用它，成为全党亟待了解并亟须解决的问题。”为了推进马克思主义中国化的事业，他向全党提出了普遍地深入地学习马克思列宁主义的理论，学习我们的历史遗产并给以批判的总结和调查研究当前运动的特点及其规律性的任务。

（2）系统阐明了新民主主义理论。1939 年、1940 年之交，毛泽东撰写了《〈共产党人〉发刊词》《中国革命和中国共产党》《新民主主义论》等一批重要理论著作。在这些著作中，毛泽东指出，中国共产党领导的整个中国革命运动，包括民主主义革命和社会主义革命两个阶段，而五四运动以后的中国民主革命，已经是无产阶级领导的人民大众的反帝反封建的新民主主义革命；阐明了中国共产党在新民主主义革命阶段的基本纲领；总结中国共产党在中国革命中战胜敌人的三个主要法宝，即统一战线、武装斗争、党的建设。新民主主义理论是马克思主义中国化的重大理论成果。它的提出和系统阐明，标志着毛泽东思想得到多方面展开而趋于成熟。这个理论从思想上武装了中国共产党人，使他们极大地增强了参加和领导抗日战争以及整个新民主主义革命的自觉性。

（3）开展整风运动，确立实事求是思想路线。20 世纪 40 年代前期，为提高广大党员的思想理论水平，增强党的凝聚力和战斗力，中国共产党在全党范围内开展了一场整风运动。1941 年 5 月，毛泽东作了《改造我们的学习》的报告。整风运动首先在党的高级干部中进行。1942 年 2 月，毛泽东先后作了《整顿党的作风》和《反对党八股》的讲演，整风运动在全党范围普遍展开。全党普遍整风的内容是反对主观主义、宗派主义、党八股以树立马克思主义的作风。反对主观主义以整顿学风，是整风运动最主要的任务。整风运动是一次深刻的马克思主义思想教育运动，也是一场思想解放运动。它坚持马克思主义同中国实际相结合的正确方向，使实事求是的思想路线在全党范围确立起来。

（4）把毛泽东思想确立为党的指导思想。1945 年 4 月 23 日至 6 月 11 日，中国共产党第七次全国代表大会在延安举行。中共七大制定了党的政治路线，即“放手发动群众，壮大人民力量，在我党的领导下，打败日本侵略者，解放全国人民，建立一个新民主主义的中国。”中共七大制定了新民主主义国家在政治、经济、文化方面的纲领，提出实现中国工业化的宏伟任务。中共七大把党在长期奋斗中形成的优良传统概括为三大作风，即理论和实践相结合的作风，和人民群众紧密联系在一起的作风，自我批评的作风。中共七大将以毛泽东为主要代表的中国共产党人把马克思列宁主义基本原理同中国具体实际相结合所创造的理论成果，正式命名为毛泽东思想，并规定为党的一切工作的指针。把毛泽东思想确立为党的指导思想并写入党章，是中共七大的历史性贡献。

## 8. 怎样评价中国人民抗日战争在世界反法西斯战争中的地位？

中国人民抗日战争从一开始就具有拯救人类文明、保卫世界和平的重大意义，是世界反法西斯战争的重要组成部分，中国战场是世界反法西斯战争的东方主战场。

（1）中国的抗战牵制和削弱了日本的力量，使之不敢贸然北进，从而使苏联得以集中兵力对付德国，避免东西两面作战。

（2）中国的抗战推迟了日本发动太平洋战争的时间，并使之在发动和进行战争时由于兵力不足而不能全力南进，从而减轻了美、英军队所受压力。

（3）中国坚持持久抗战，抗击和牵制着日本陆军主力，并为同盟国军队实施战略反攻创造了有利条件。

（4）中国作为亚洲太平洋地区盟军对日作战的重要后方基地，还为盟国提供了大量战略物资和军事情报。

总之，中国是全世界参加反法西斯战争的五个大国之一。中国人民的抗日战争开展时间最早、持续时间最长。中国是在亚洲大陆上反对日本侵略者的主要国家。在太平洋战争爆发前，中国抗击日本陆军的80%左右；在太平洋战争爆发后，仍抗击日本陆军的半数以上。14年中，中国军民共歼灭日军150余万人。中国人民为了自己的解放，为了帮助各同盟国，付出了巨大牺牲，作出了伟大贡献。

### 9. 如何看待抗日战争胜利的原因?

中国人民抗日战争的胜利，是近代以来中国抗击外敌入侵的第一次完全胜利，其原因在于：

（1）以爱国主义为核心的民族精神是中国人民抗日战争胜利的决定因素。

（2）中国共产党的中流砥柱作用是中国人民抗日战争胜利的关键。

（3）全民族抗战是中国人民抗日战争胜利的重要法宝。

（4）中国人民抗日战争的胜利，同世界所有爱好和平和正义的国家和人民、国际组织以及各种反法西斯力量的同情和支持也是分不开的。

### 10. 为什么说抗日战争胜利为中华民族由近代以来陷入深重危机走向伟大复兴确立了历史转折点?

（1）中国人民抗日战争的胜利，彻底粉碎了日本军国主义殖民奴役中国的图谋，有力捍卫了国家主权和领土完整，彻底洗刷了近代以来抗击外来侵略屡战屡败的民族耻辱。

（2）中国人民抗日战争的胜利，促进了中华民族的大团结，形成了伟大的抗战精神。伟大抗战精神是中国人民弥足珍贵的精神财富。

（3）中国人民抗日战争的胜利，对世界各国夺取反法西斯战争的胜利、维护世界和平产生了巨大影响。中国人民为最终战胜世界法西斯势力作出了历史性贡献，国际地位显著提高，中国成为联合国安理会五个常任理事国之一。

（4）中国人民抗日战争的胜利，坚定了中国人民追求民族独立、自由、解放的意志，开启了古老中国凤凰涅槃、浴火重生的历史新征程，为中国共产党团结带领全国人民继续奋斗，赢得新民主主义革命胜利，奠定了重要基础。

## 课后实践

1. 主题教学。在理论课前 8 分钟开展“紧跟党走”主题教学。

2. 情境教学。开展原著品读的情境教学，进行自主学习，阅读《毛泽东选集》（第一卷，人民出版社，1952 年，第 232—248 页）的《中国共产党在抗日时期的任务》，理论联系实际，谈谈自己当前的任务以及如何做，并写一篇学习感想，字数不少于 800 字，文体不限。

3. 诵读教学。各小组汇报《红色家书》诵读情况及集体诵读视频的彩排情况。

4. 示范教学。请老红军、老战士的后代作报告，讲述他们父辈的英雄故事，传承革命理想和革命精神。

5. 影片教学。集中或各自线上观看电影《我们是八路军》。

## 拓展阅读

阅读习近平总书记于 2014 年 12 月 13 日在南京大屠杀死难者国家公祭仪式上

的讲话，以及2020年9月3日在纪念中国人民抗日战争暨世界反法西斯战争胜利75周年座谈会上的讲话。阅读时，可采用分组分段领读并逐段分享阅读心得，或分组对全文片段予以交流分享。

## 巩固测验

### 一、选择题

1. 中国人民抗日战争的起点是（　　）。

A. 九一八事变

B. 卢沟桥事变

C. 西安事变

D. 华北事变

2. 日本侵略者在其占领区进行残暴统治，犯下了罄竹难书的严重罪行，其中不包括（　　）。

A. 制造惨绝人寰的大屠杀

B. 疯狂掠夺中国的资源和财富

C. 推行奴化教育

D. 宣传革命思想

3. （　　）的爆发，促进了中华民族的觉醒，标志着中国人民抗日救亡运动新高潮的到来。

A. 五四爱国运动

B. 新文化运动

C. 一二·九运动

D. 五卅运动

4. 抗日民族统一战线正式形成的标志是（　　）。

A. 瓦窑堡会议的召开

B. 西安事变和平解决

C.《中共中央为公布国共合作宣言》的发表

D. 红军主力改编为八路军

5. 抗日战争进入相持阶段后，日本侵略者对国民党政府采取的方针是（　　）。

A. 军事打击为主、政治诱降为辅

B. 政治诱降为主、军事打击为辅

C. 军事打击为主、经济掠夺为辅

D. 经济掠夺为主、军事打击为辅

6. 毛泽东在《论持久战》的讲演中，科学地预见了抗日战争的三个阶段，其中不包括（　　）。

A. 战略防御

B. 战略收缩

C. 战略相持

D. 战略反攻

7. 中国军队在全民族抗战以来主动寻歼敌人取得的第一次重大胜利是（　　）。

A. 平型关大捷

B. 台儿庄战役

C. 淞沪会战

D. 太原会战

8. 延安整风运动最主要的任务是（　　）。

A. 反对主观主义以整顿学风

B. 反对宗派主义以整顿党风

C. 反对党八股以整顿文风

D. 反对官僚主义以整顿作风

9. 毛泽东思想正式提出是在（　　）。

A. 中共六大

B. 中共七大

C. 中共八大

D. 中共九大

## 二、简答题

1. 面对国民党制造的“反共摩擦”，中国共产党提出的巩固抗日民族统一战线的策略总方针是什么？

2. 为什么要开展延安整风运动？其意义是什么？

3. 中国人民抗日战争胜利的原因是什么？

4. 中国人民抗日战争胜利的历史意义是什么？

## 参考答案

一、A　D　C　C　B　B　A　A　B

二、

1. 为了抗日民族统一战线的坚持、扩大和巩固，中国共产党总结反“摩擦”斗争的经验，制定了“发展进步势力，争取中间势力，反对顽固势力”的策略方针。进步势力主要是指工人、农民和城市小资产阶级，他们是统一战线的基础，抗日战争的主要依靠力量。中间势力主要是指民族资产阶级、开明绅士和地方实力派。顽固势力是指大地主大资产阶级的抗日派，即以蒋介石集团为代表的国民党亲英美派。中国共产党对顽固派贯彻又联合又斗争的政策。在同顽固派作斗争时，坚持有理、有利、有节的原则。

上述原则和方针的提出和贯彻实施，对坚持全民族抗战到底具有十分重大的意义。

2.（1）遵义会议以来，党的路线已经走上马克思主义的正确轨道，但对曾经给党的事业造成严重危害的主观主义、教条主义还没有来得及从思想上进行认真清理。这就有必要集中开展一场普遍的马克思主义思想教育运动，总结和吸取经验教训，以提高广大党员的思想理论水平，增强党的凝聚力和战斗力。为此，中国共产党在全党范围内开展了一场整风运动。

（2）整风运动是一次深刻的马克思主义思想教育运动，也是一场思想解放运动。它坚持马克思主义同中国实际相结合的正确方向，使实事求是的思想路线在全党范围确立起来。

3. 中国人民抗日战争的胜利，是近代以来中国抗击外敌入侵的第一次完全胜利。其胜利的原因，主要有以下几点：

第一，以爱国主义为核心的民族精神是中国人民抗日战争胜利的决定因素。

第二，中国共产党的中流砥柱作用是中国人民抗日战争胜利的关键。

第三，全民族抗战是中国人民抗日战争胜利的重要法宝。

第四，中国人民抗日战争的胜利，同世界所有爱好和平和正义的国家和人民、国际组织以及各种反法西斯力量的同情和支持也是分不开的。

4. 中国人民抗日战争是20世纪中国和人类历史上的重大事件。这一伟大胜利，是中华民族从近代以来陷入深重危机走向伟大复兴的历史转折点。

第一，中国人民抗日战争的胜利，彻底粉碎了日本军国主义殖民奴役中国的图谋，有力捍卫了国家主权和领土完整，彻底洗刷了近代以来抗击外来侵略屡战屡败的民族耻辱。

第二，中国人民抗日战争的胜利，促进了中华民族的大团结，形成了伟大的抗战精神。中国人民向世界展示了天下兴亡、匹夫有责的爱国情怀，视死如归、宁死不屈的民族气节，不畏强暴、血战到底的英雄气概，百折不挠、坚忍不拔的必胜信念。伟大抗战精神是中国人民弥足珍贵的精神财富。

第三，中国人民抗日战争的胜利，对世界各国夺取反法西斯战争的胜利、维护世界和平产生了巨大影响。中国人民为最终战胜世界法西斯势力作出了历史性贡献，国际地位显著提高，中国成为联合国安理会五个常任理事国之一。中国人民赢得了世界爱好和平人民的尊敬，中华民族赢得了崇高的民族声誉。

第四，中国人民抗日战争的胜利，坚定了中国人民追求民族独立、自由、解放的意志，开启了古老中国凤凰涅槃、浴火重生的历史新征程，为中国共产党团结带领全国人民继续奋斗，赢得新民主主义革命胜利，奠定了重要基础。

# 第七章 为建立新中国而奋斗

## 本章导学

本章讲述的主要是，从抗日战争胜利之后中国共产党为了争取和平民主所做的不懈努力，到内战爆发，中国共产党领导人民进行解放战争，在党的领导下建立最广泛的人民民主统一战线，中华人民共和国成立及其伟大的历史意义。

本章学习的目标：(1) 了解抗战胜利后中国共产党为争取和平民主所做的不懈努力；(2) 了解光明与黑暗两个命运、两种前途的决定胜负的斗争是这一时期中国历史的基本内容，认识国民党政权遭到广大人民反对并迅速走向崩溃的根本原因；(3) 认识中国共产党领导的多党合作、政治协商格局形成的历史条件；(4) 认识新中国的创建和中国共产党执政地位的确立是历史和人民的选择。

## 知识框架

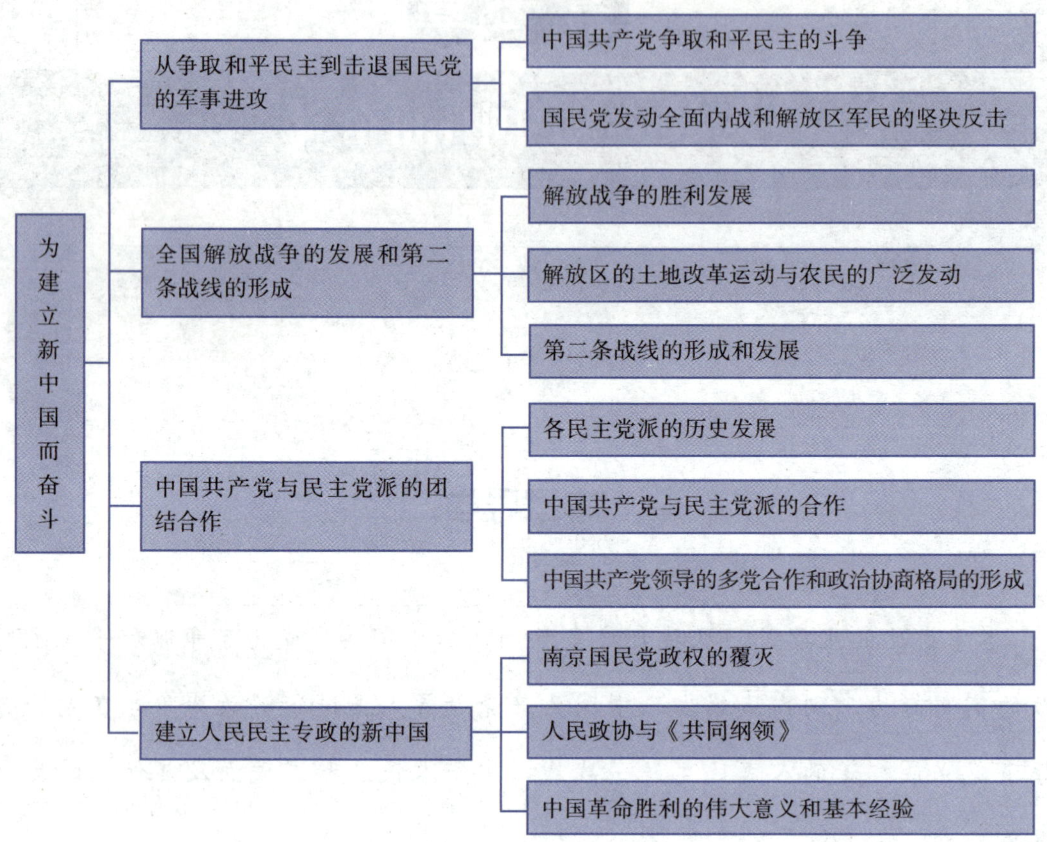


## 内容梳理

### 1. 抗战胜利后的国际国内政治形势有哪些特点?

（1）战后的政治形势，总的说来，对中国人民实现建设新中国的目标是有利的。在国际上，社会主义国家、民族解放运动力量有了新发展，帝国主义势力遭到削弱，已经难以集中力量干涉中国革命。在国内，中国人民的觉悟程度和组织程度空前提高，人民军队发展到约 132 万人，解放区人口近 1 亿。经过整风学习，中国共产党达到了高度团结统一。中国人民克服一切困难，实现其基本历史要求的时机已经到来。

（2）内战危机严重阻碍着中国人民和平建国的努力。国民党统治集团作为大地主、大资产阶级的政治代表，其根本目标是使战后的中国维持蒋介石的独裁统治，继续走半殖民地半封建社会的老路。以武力消灭共产党及其领导的人民军队和解放区政权，是蒋介石集团的既定方针。由于全国人民强烈要求和平、反对内战，由于国民党军队大部分远在西南、西北后方，要把它们运往内战前线、完成内战部署需要时间，由于国际上苏联、美国等都表示希望中国能够实行和平建国，因此，蒋介石在积极准备内战的同时，又表示愿意与中共进行和平谈判。国民党的反共方针得到了美国政府的支持。

**2. 中国共产党为争取和平民主进行了哪些斗争？**

（1）提出争取和平民主的方针。1945 年 8 月 24 日，毛泽东根据时局变化指出，抗战结束，和平建设阶段开始。中央正考虑同国民党进行谈判，避免内战，实现和平建国。8 月 25 日，中共中央发表《对目前时局的宣言》，明确提出和平、民主、团结的口号。

（2）争取和平建国的斗争。

第一，重庆谈判。1945 年 8 月 14 日、20 日、23 日，蒋介石三次电邀毛泽东到重庆“共定大计”。为了争取和平民主，毛泽东不顾个人安危，于 8 月 28 日偕周恩来、王若飞赴重庆与国民党当局进行谈判。10 月 10 日，双方签署《政府与中共代表会谈纪要》，即“双十协定”，确认和平建国的基本方针，同意“长期合作，坚决避免内战”。

第二，召开政治协商会议。1946 年 1 月 10 日，国共双方下达停战令。同一天，政治协商会议在重庆开幕，出席会议的有国民党、共产党、民主同盟、青年党和无党派人士代表共38人。以周恩来为首的中共代表团与民主同盟等民主党派和无党派人士的代表密切合作，同国民党当局认真协商，推动政协会议达成政府组织案、国民大会案、和平建国纲领、军事问题案、宪法草案案五项协议。

第三，维护政协成果。中国共产党是准备严格履行政协协议的。政协会议闭幕的第二天，中共中央发出党内指示，要求全党准备为坚决实现政协协议而奋斗。同时提出，必须提高警惕，注意“阵地的保持与继续取得”，做好进行自卫战争的准备，而“练兵、减租与生产是目前解放区三件中心工作”。

### 3. 解放区土地改革内容及意义是什么？

（1）内容。

①实现“耕者有其田”。1946年5月4日，中共中央发布《关于土地问题的指示》（五四指示）。1947年下半年，解放区2/3的地区已基本实现“耕者有其田”。

②通过《中国土地法大纲》。为推动解放区土改运动进一步发展，1947年7月至9月，中国共产党在西柏坡召开全国土地会议，制定和通过了《中国土地法大纲》，明确规定“废除封建性及半封建性剥削的土地制度，实现耕者有其田的土地制度”。《中国土地法大纲》是一个彻底反封建的土地革命纲领，它指引着在封建制度压迫下的亿万农民群众，将自己的力量汇入民主革命的洪流。

（2）意义。

经过土改运动，到1948年秋，1亿人口的解放区消灭了封建生产关系。广大农民的政治觉悟和组织程度空前提高，大批青壮年农民踊跃参加人民军队，各地农民不仅将粮食、被服等送上前线，而且成立运输队、担架队、破路队等随军组织，担负战争勤务。他们还广泛建立和发展民兵组织，配合解放军作战。人民解放战争获得了源源不断的人力、物力支援。

土地制度改革，是中国共产党领导广大农民从根本上摧毁封建制度根基的社会大变革。它使占中国人口绝大多数的农民进一步认识到，中国共产党是他们自身利益的坚决维护者，因而自觉地在党的周围团结起来。这就为打败蒋介石，建立新中国奠定了深厚的群众基础。

### 4. 国民党政府为什么陷入人民的包围之中并迅速走向崩溃？

（1）国民党政府由于其专制独裁统治和官员们的贪污腐败、大发国难财，抗战后期在大后方便已严重丧失人心。在抗战胜利时曾经对它抱有很大期望的原沦陷区人民，也很快对它感到极度失望。一个重要的原因，就是国民党政府派出的官员到原沦陷区接收时，把接收变成“劫收”。

（2）国民党违背全国人民迫切要求休养生息、和平建国的意愿，执行反人民的内战政策。为了筹措内战经费，国民党政府除了对人民征收苛重的捐税外，更无限制地发行纸币，由此引发的恶性通货膨胀，实际上是对国统区人民的普遍掠夺。官僚资本极度膨胀，工农业生产严重萎缩，大批民族工商业濒于倒闭，城市失业人数陡增，广大农村饿殍遍地。国民党统治区陷入严重经济危机。全国各阶层人民在饥饿和死亡线上挣扎，不得不团结起来，同蒋介石反动政府作你死我活的斗争。

这些事实表明，不仅在军事战线上，而且在政治战线上，国民党政府都打了败仗。国民党政府已经处在全民的包围中。

### 5. 中国共产党领导的多党合作和政治协商格局是如何形成的？

（1）各民主党派大多从成立时起，就同中国共产党建立了不同程度的合作关系，并在斗争实践中逐步发展了这种关系。中国共产党一贯鼓励和支持各民主党派反对国民党独裁统治的斗争，同时，又十分注意尊重和维护其应有的政治地位及合理的利益；对他们的某些不妥当意见，则善意地提出批评，诚恳地帮助其进步。中共领导人毛泽东、周恩来等还同民主党派的领导人和无党派民主人士代表建立了良好的个人关系，直接对他们开展工作。所有这些，都收到了积极效果。

（2）国民党政府坚持一党独裁，迫害民主党派进步人士，使得民主党派逐步转移到新民主主义革命立场上。特别是 1948 年 1 月，民盟公开表示与中国共产党携手合作。1949 年 1 月 22 日，李济深、沈钧儒等民主党派的领导人和著名的无党派民主人士 55 人联合发表《对时局的意见》，一致认定中共提出的关于召开政治协商会议、成立联合政府的主张“符合于全国人民大众的要求”，恳切表示“愿在中共领导下，献其绵薄，共策进行，以期中国人民民主革命之迅速成功，独立、自由、和平、幸福的新中国之早日实现”。这个政治声明表明，中国各民主党派和无党派民主人士自愿接受中国共产党的领导，决心走人民革命的道路，拥护建立人民民主的新中国。

（3）1949 年春，毛泽东在同有关人士谈话时提出，民主党派应“积极参政，共同建设新中国”。这标志着民主党派地位的根本变化，即它们不再是旧中国反动政权下的在野党，而将在中国共产党领导下，共同担负起管理国家和建设新中国的历史重任。中国共产党领导的多党合作政治格局，正是在这个基础上形成的。中国共产党领导的多党合作和政治协商制度，符合中国历史发展的规律和中国人民的根本利益，也符合各民主党派和无党派民主人士的意愿。

**6. 中国共产党七届二中全会的主要内容是什么？**

（1）1949 年 3 月召开的中共七届二中全会，规定了党在全国胜利后在政治、经济、外交方面应当采取的基本政策，指出了中国由农业国转变为工业国、由新民主主义社会转变为社会主义社会的发展方向。

（2）在这次会议上，毛泽东告诫全党，夺取全国胜利，这只是万里长征走完了第一步，中国的革命是伟大的，但革命以后的路更长，工作更伟大，更艰苦。据此，他提出了“两个务必”的思想，即“务必使同志们继续地保持谦虚、谨慎、不骄、不躁的作风，务必使同志们继续地保持艰苦奋斗的作风”。

（3）全会还根据毛泽东的提议，做出不给党的领导者祝寿，不送礼，少敬酒，少拍掌，不用党的领导者的名字作地名、街名和企业的名字，不要把中国同志和马克思、恩格斯、列宁、斯大林并列等有关规定。

### 7.《共同纲领》的主要内容包含哪些?

1949年9月21日，中国人民政治协商会议第一届全体会议在北平隆重开幕，通过了《中国人民政治协商会议共同纲领》(以下简称《共同纲领》)。《共同纲领》在当时是全国人民的大宪章，在一个时期内起着新中国临时宪法的作用。

关于国体和政体,《共同纲领》规定，“中华人民共和国为新民主主义即人民民主主义的国家，实行工人阶级领导的、以工农联盟为基础的、团结各民主阶级和国内各民族的人民民主专政”。“中华人民共和国的国家政权属于人民”，“人民行使国家政权的机关为各级人民代表大会和各级人民政府”；“各级政权机关一律实行民主集中制”。

关于人民军队和军事建设,《共同纲领》规定，“中华人民共和国建立统一的军队，即人民解放军和人民公安部队”。“应加强现代化的陆军，并建设空军和海军，以巩固国防”；“实行兵役制度，保卫地方秩序”。

关于经济建设的根本方针,《共同纲领》规定，“以公私兼顾、劳资两利、城乡互助、内外交流的政策，达到发展生产、繁荣经济之目的”。国家应多方面“调剂国营经济、合作社经济、农民和手工业者的个体经济、私人资本主义经济和国家资本主义经济，使各种社会经济成分在国营经济领导之下，分工合作，各得其所，以促进整个社会经济的发展”。

关于文化教育,《共同纲领》规定，“中华人民共和国的文化教育为新民主主义的，即民族的、科学的、大众的文化教育”。人民政府的文化教育工作，应以“提高人民文化水平，培养国家建设人才”等和“发展为人民服务的思想”为主要内容；“提倡爱祖国、爱人民、爱劳动、爱科学、爱护公共财物为中华人民共和国全体国民的公德”。

关于民族政策,《共同纲领》规定,“中华人民共和国境内各民族一律平等,实行团结互助,反对帝国主义和各民族内部的人民公敌,使中华人民共和国成为各民族友爱合作的大家庭”。“各少数民族聚居的地区,应实行民族区域自治”。

关于外交政策,《共同纲领》规定,它的原则是“保障本国独立、自由和领土主权的完整,维护国际的持久和平和各国人民间的友好合作,反对帝国主义的侵略政策和战争政策”。

### 8. 中国革命胜利的主要原因是什么?

中国革命的发生和胜利不是偶然的,而是有着深刻的社会根源和雄厚的群众基础。

(1)广大人民和各界人士的广泛参加和大力支持。由于帝国主义、封建主义、官僚资本主义的残酷压迫,中国人民走上了反帝反封建反官僚资本主义斗争的伟大道路。工人、农民、城市小资产阶级群众是民主革命的主要力量。在他们中间,涌现出了无数无畏的英雄和不屈的战士。随着斗争的发展,民族资产阶级也逐步向共产党靠拢。没有广大人民和各界人士的广泛参加和大力支持,中国革命的胜利是不可能的。

(2)中国共产党的领导。中国革命之所以能够走上胜利发展的道路,从根本上说,是由于有了中国共产党的领导。中国共产党从诞生之日起,就把为中国人民谋幸福,为中华民族谋复兴确立为自己的初心使命。这个初心使命是激励中国共产党人不断前进的根本动力。中国共产党为中国人民指明了斗争的目标,在长期斗争的实践中找到了使革命走向胜利的道路,并且把被人视为“一盘散沙”的中国人民团结和凝聚成万众一心的不可战胜的力量。没有共产党就没有新中国,这是中国人民依据近代中国革命的历史经验得出的科学结论。

（3）中国革命之所以能够赢得胜利，同国际无产阶级和人民群众的支持也是分不开的。

## 9. 中国革命胜利的意义有哪些？

（1）中国革命的胜利，结束了100多年来中华民族遭受资本－帝国主义侵略和中国各族人民遭受资本－帝国主义同封建统治阶级联合压迫与剥削的历史，结束了国家战乱频仍、四分五裂的局面，实现了中国人民梦寐以求的民族独立和人民解放。

（2）中国革命的胜利，从根本上改变了中国社会的发展方向，为实现由新民主主义到社会主义的转变和建立社会主义制度、进行社会主义现代化建设，扫清了主要障碍，创造了政治前提；为实现国家富强和人民幸福，实现中华民族伟大复兴，开辟了广阔道路。

（3）中国革命的胜利，是继十月社会主义革命和世界反法西斯战争胜利后世界历史中最重大的事件。

（4）中国人民革命的胜利，是在马克思列宁主义的指导下取得的。中国共产党创造性地运用马克思列宁主义的基本原理，把它同中国革命具体实际结合起来，形成了伟大的毛泽东思想，找到了夺取中国革命胜利的正确道路。这对于马克思列宁主义的发展是一个重大的贡献。

## 10. 中国革命胜利的基本经验是什么？

中国共产党之所以能够把革命引向胜利，一条重要的经验就是，必须坚持把马克思列宁主义的基本原理和中国的具体实际结合起来，必须不断推进马克思主义中国化的事业。正是在中国化的马克思主义理论——毛泽东思想指引下，中国共产党制定了正确的纲领、路线、方针和政策，找到了适合本国国情的革命道路。

中国共产党在领导人民革命的过程中，积累了丰富的经验，锻造出了有效的克敌制胜的武器。毛泽东指出："统一战线，武装斗争，党的建设，是中国共产党在中国革命中战胜敌人的三个法宝，三个主要的法宝。"

中国共产党正是遵循毛泽东建党学说，在长期的斗争实践中，把自己锻炼成了一个有纪律的、有马克思列宁主义的理论武装的、采取自我批评方法的、联系人民群众的党，成为掌握统一战线和武装斗争这两个武器以实行对敌冲锋陷阵的英勇战士，成为全国各族人民拥戴的领导核心。

## 课后实践

1. 主题教学。在理论课前 8 分钟开展"紧跟党走"主题教学。

2. 情境教学。实地参观革命人物故居、纪念馆或红色文化纪念地，瞻仰革命人物，学习革命人物崇高的理想信念，发扬老一辈无产阶级革命家朴素的革命情怀，继承先辈的光荣传统。

3. 诵读教学。各小组介绍并展示《红色家书》诵读视频。

4. 示范教学。请老红军、老战士的后代作报告，讲述他们父辈的英雄故事，传承革命理想和革命精神。

5. 影片教学。集中或各自线上观看电影《重庆谈判》。

## 拓展阅读

阅读 1949 年 3 月毛泽东在党的七届二中全会上的讲话（选自《毛泽东选集》第四卷，第 1424—1439 页），以及 2019 年 9 月 20 日习近平总书记在中央政协工作会议暨庆祝中国人民政治协商会议成立 70 周年大会上的讲话。阅读时，可采用分组分段领读并逐段分享阅读心得，或分组对全文片段予以交流分享。

# 巩固测验

## 一、选择题

1. 抗日战争胜利以后，中国共产党为争取和平民主，派往重庆同国民党进行和平谈判的是（　　）。

A. 毛泽东、朱德、张闻天

B. 毛泽东、刘少奇、王若飞

C. 毛泽东、董必武、彭德怀

D. 毛泽东、周恩来、王若飞

2. 1946年6月底，国民党军以进攻（　　）为起点，挑起了全国性的内战。

A. 陕甘宁边区

B. 中原解放区

C. 山东解放区

D. 华北解放区

3. 国民党军的全面进攻被挫败后，被迫改为对（　　）两解放区的重点进攻。

A. 华北和华东

B. 陕北和中原

C. 陕北和山东

D. 华北和山东

4. 掀开人民解放战争战略进攻序幕的是（　　）。

A. 孟良崮战役

B. 济南战役

C. 三路大军挺进中原

D. 渡江战役

5. 1947年7月至9月，中国共产党在河北省平山县召开全国土地会议，制定和通过了（　　）。

A.《中国土地法大纲》

B.《关于土地问题的指示》

C.《中华人民共和国土地改革法》

D.《土地法》

6. 我国最早成立的省级民族自治区是（　　）。

A. 新疆

B. 广西

C. 宁夏

D. 内蒙古

7. 在解放战争战略决战阶段，人民解放军发动的三大战役不包括（　　）。

A. 济南战役

B. 辽沈战役

C. 淮海战役

D. 平津战役

8. 1949年4月23日，人民解放军攻占（　　），宣告国民党反动统治的覆灭。

A. 上海

B. 南京

C. 武汉

D. 重庆

9. 毛泽东在党的（　　）上提出了“两个务必”的思想。

A. 六届六中全会

B. 七大

C. 七届二中全会

D. 八大

10. 中华人民共和国成立初期，起临时宪法作用的是（ ）。

A.《国内和平协定》

B.《论人民民主专政》

C.《中国人民政治协商会议共同纲领》

D.《中华人民共和国土地改革法》

## 二、简答题

1. 中国新民主主义革命取得胜利的原因是什么？

2. 为什么说“没有共产党，就没有新中国”？

3. 中国新民主主义革命胜利的基本经验是什么？

## 参考答案

一、D B C C A D A B C C

二、

1. 第一，广大人民和各界人士的广泛参加和大力支持，是中国革命胜利的重要原因。中国革命的胜利有着深刻的社会根源和雄厚的群众基础。工人、农民、城市小资产阶级群众是民主革命的主要力量。随着斗争的发展，民族资产阶级也逐步向共产党靠拢。

第二，中国革命之所以能够走上胜利发展的道路，从根本上说，是由于有了中国共产党的领导。

第三，中国革命之所以能够赢得胜利，同国际无产阶级和人民群众的支持也是分不开的。

2. “没有共产党，就没有新中国。”这是中国人民依据近现代中国革命的历史经验得出的科学结论。

中国共产党作为工人阶级的政党，不仅代表着中国工人阶级的利益，而且代表着整个中华民族和全中国人民的利益。中国共产党是用马克思主义的科学理论武装起来的，它以中国化的马克思主义即马克思列宁主义基本原理与中国实际相结合的毛泽东思想作为一切工作的指针。因此，中国共产党能够制定出适合中国情况的、符合中国人民利益的纲领、路线、方针和政策，为中国人民的斗争指明正确的方向。

中国共产党人在革命过程中始终英勇地站在斗争的最前线。自 1921 年中国共产党创建至 1949 年中华人民共和国成立这 28 年间，它为中国人民的解放事业献出了无数的优秀战士。它的许多卓越领导人和杰出的将领，也都在这个斗争中英勇地献出了自己的生命。中国共产党人以行动表明了自己是最有远见，最富于牺牲精神，最坚定，而又最能虚心体察民情并依靠群众的坚强的革命者，从而赢得了广大中国人民的衷心拥护。

3. 中国共产党之所以能够把革命引向胜利，一条重要的经验就是，必须坚持把马克思列宁主义的基本原理和中国的具体实际结合起来，必须不断推进马克思主义中国化的事业。正是在中国化的马克思主义理论——毛泽东思想指引下，中国共产党制定了正确的纲领、路线、方针和政策，找到了适合本国国情的革命道路。

中国共产党在领导人民革命的过程中，积累了丰富的经验，锻造出了有效的克敌制胜的武器。毛泽东指出："统一战线，武装斗争，党的建设，是中国共产党在中国革命中战胜敌人的三个法宝，三个主要的法宝。"

中国共产党正是遵循毛泽东建党学说，在长期的斗争实践中，把自己锻炼成了一个有纪律的、有马克思列宁主义的理论武装的、采取自我批评方法的、联系人民群众的党，成为掌握统一战线和武装斗争这两个武器以实行对敌冲锋陷阵的英勇战士，成为全国各族人民拥戴的领导核心。

# 第八章

# 中华人民共和国的成立与中国社会主义建设道路的探索

## 本章导学

本章讲述的主要是，新中国成立后，中国共产党采取一系列措施逐步完成从新民主主义社会向社会主义社会的过渡。进行社会主义革命，确立社会主义基本制度，推进社会主义建设，战胜帝国主义、霸权主义的颠覆破坏和武装挑衅，实现了中华民族有史以来最为广泛而深刻的社会变革，实现了一穷二白、人口众多的东方大国大步迈进社会主义社会的伟大飞跃，为实现中华民族伟大复兴奠定根本政治前提和制度基础。但是，为尽快改变中国贫穷落后的面貌，党和人民在探索社会主义前进道路上经历了曲折和教训，“大跃进”和“文化大革命”暴露出具体的严重缺陷，改革发展必然成为时代的主题。

本章学习的目标：(1) 认识中华人民共和国成立之初所面临的严峻局面和当时进行的社会主义革命；(2) 了解工业化任务和发展道路，认识中国从落后的农业国变为工业国的紧迫性；(3) 了解实行社会主义改造的国内外条件，认识社会主义道路是人民和历史的选择；(4) 了解社会主义工业化与社会主义改造并举的必要性；(5) 认识社会主义基本制度在中国确立的必然性；(6) 了解社会主义制度建立后20

年的历史发展，把握以毛泽东为代表的中国共产党人经历挫折探索建设社会主义的实践；（7）了解中国共产党领导全国人民建设社会主义所取得的重大成就及其主要表现。

## 知识框架

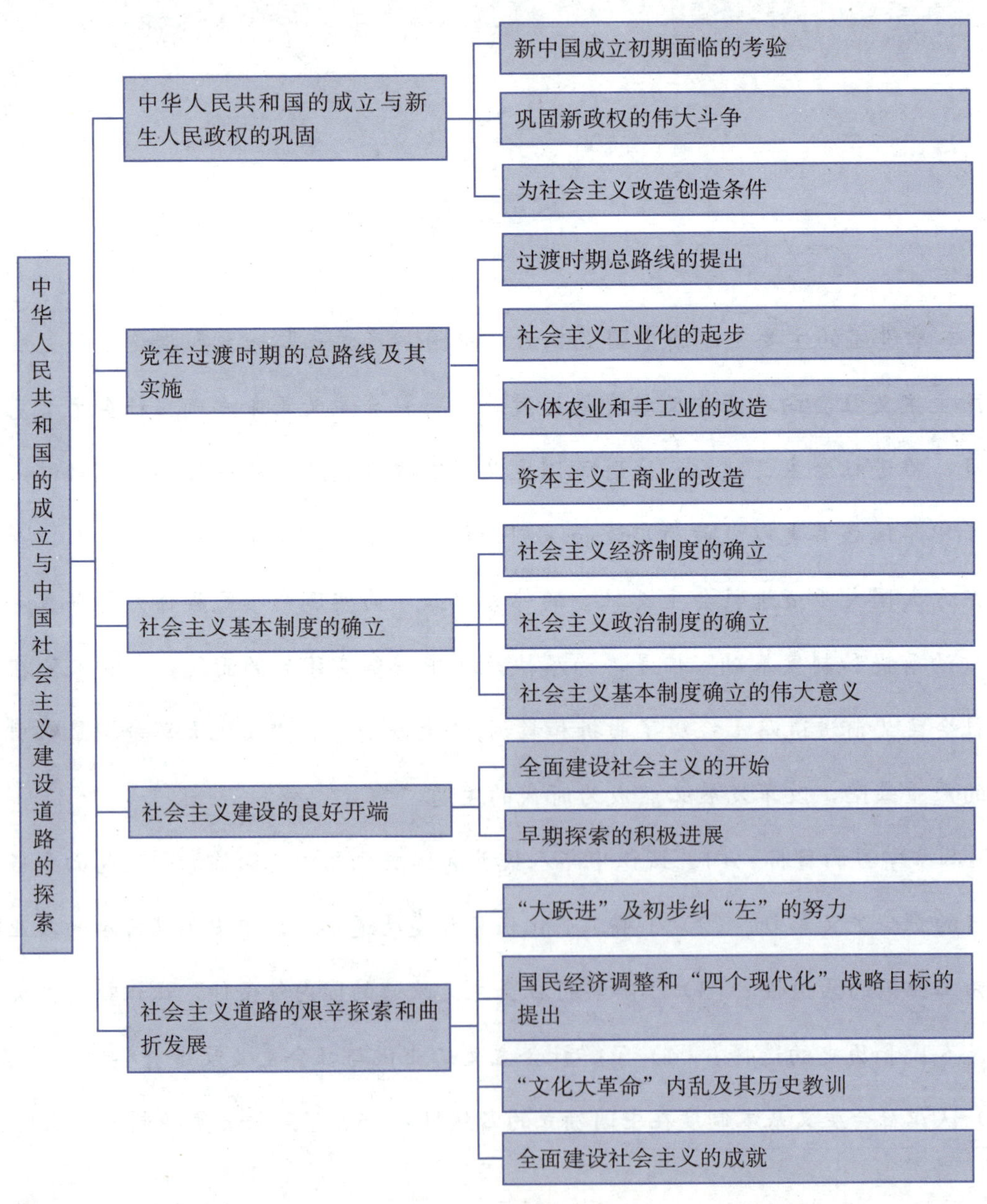

## 内容梳理

### 1. 全国政权执掌之初中国共产党面临哪些严峻考验?

（1）能不能保卫住革命胜利的成果，巩固新生的人民政权。当时，解放全中国的任务还没有完成；国民党从大陆撤退时遗留下的100余万军队、200多万土匪及60多万特务分子还有待肃清；在广大城乡，反动会道门和传统黑恶势力还危害着人民的生命财产安全；广大的新解放区还没有完成封建土地制度的改革。

（2）能不能战胜严重的经济困难，迅速恢复和发展国民经济。当时中国的经济不仅远远落后于欧美发达国家，就是与亚洲许多国家相比也有一定的差距。1949年，人均国民收入只有27美元，相当于亚洲国家平均值的2/3。新中国从旧中国接收过来的是一副烂摊子。许多工厂倒闭，大批工人失业，通货膨胀，物价飞涨，人民生活遇到极大的困难。同历史上的最高水平相比，1949年工业总产值减少一半，粮食产量减少约1/4。

（3）能不能巩固民族独立，维护国家主权和安全。新中国的诞生，打破了帝国主义在东方划定的势力范围，这是以美国为首的西方资本主义阵营不愿意看到的。它们企图通过实行强硬的对华政策，即政治孤立、经济封锁、军事包围的政策，从根本上搞垮新中国。

（4）能不能经受住全国执政的新考验，继续保持优良传统和作风。新中国成立后，中国共产党成为在全国范围执掌政权的党，党的工作重心从农村转向城市，广大干部和党员面临执政的考验、接管城市的考验和生活环境变化的考验。诚如毛泽东在中共七届二中全会上指出：“敌人的武力是不能征服我们的，这点已经得到证明了。资产阶级的捧场则可能征服我们队伍中的意志薄弱者。”“我们必须预防这种情况。”

### 2. 在新民主主义革命时期，中国共产党和人民政府为巩固国家新政权进行了哪些伟大斗争？

（1）完成民主革命的遗留任务。在追剿残余敌人、基本完成祖国大陆统一任务的基础上，摧毁旧政权，基本肃清国民党遗留在大陆的反动势力。200 多万土匪在两年内被肃清。废除封建婚姻制度，健康文明的社会新风尚开始树立。

（2）领导国民经济恢复工作。没收官僚资本，在企业内部开展民主改革和生产改革，确立起社会主义性质的国营经济在国民经济中的领导地位，使人民政权拥有了相当重要的经济基础。成功组织了同投机资本作斗争的“银元之战”和“米棉之战”，遏制了通货膨胀和物价飞涨，实现了全国财政经济工作的统一领导和统一管理。

（3）在教育科学文化卫生事业上除旧布新。在宣传思想工作方面，党和政府掌握舆论工具，确立马克思主义在全国的指导地位；在教育的改革和发展方面，党和政府有步骤地对旧有教育文化事业进行改革；在科学技术工作方面，逐步形成比较完整的科研体系；在医疗卫生工作方面，开展爱国卫生运动，建立起基层卫生组织和各种专业防疫机构和队伍；在知识分子工作方面，重视对知识分子的团结、教育和改造。

（4）巩固民族独立，维护国家主权和安全。新中国废除了帝国主义国家依据不平等条约在中国享有的一切特权；收回了外国列强在中国的兵营，驻扎在中国领土上的一切外国军队被迫撤走；收回了海关治权，中国人民重新掌握了国门的钥匙。

1950 年 10 月初，美军不顾中国政府一再警告，悍然越过三八线，把战火烧到中朝边境，值此危急关头，应朝鲜劳动党和政府请求，中国共产党和人民政府作出了派遣中国人民志愿军入朝作战，抗美援朝、保家卫国的历史性决策，组建以彭德怀为司令员兼政治委员的中国人民志愿军。经过艰苦卓绝的战斗，中朝军队打败了武装到牙齿的对手，打破了美军不可战胜的神话，迫使不可一世的侵略者在停战协定上签字。

（5）加强中国共产党的自身建设。新中国成立后，中国共产党高度重视执政条件下党组织自身的建设。1949 年 11 月，中共中央作出《关于在中央人民政府内组织中国共产党党委会的决定》和《关于在中央人民政府内建立中国共产党党组的决定》。1951 年底到 1952 年，开展了反贪污、反浪费、反官僚主义的“三反”运动和反对行贿、反对偷税漏税、反对盗窃国家财产、反对偷工减料、反对盗窃经济情报的“五反”运动，继续保持了共产党人的革命精神和优良作风，密切了党和人民的联系，增强了党的团结。

### 3. 新中国成立初期，中国共产党进行了哪些社会主义改造?

新中国成立后的最初三年，中国共产党在着重完成民主革命的遗留任务的同时，实际上也开始进行社会主义革命。

（1）没收官僚资本，确立国营经济的领导地位。没收官僚资本归人民的国家所有，是新民主主义革命的三大经济纲领之一，也是《共同纲领》规定的一项历史任务。解放战争时期，随着对大中城市的接管，没收官僚资本的工作已经开始。新中国成立后，这项工作在全国范围内展开。到 1950 年初，人民政府共接管官僚资本的工矿企业 2 800 余家，金融企业 2 400 余家。通过没收官僚资本，并在企业内部进行民主改革和生产改革，中国资本主义经济的主体部分被改造为社会主义性质的国营经济，中国的大资产阶级被消灭了。国营经济一经建立，就成为整个社会经济的领导力量和新中国发展生产、繁荣经济的主要物质基础，为以后的社会主义改造做了重要的物质准备。

（2）开始将资本主义纳入国家资本主义轨道。新中国在利用资本主义工商业的过程中，已经开始对它进行适当的限制，并把其中的大部分引上了初级形式的国家资本主义的道路。1952年，私营工业产值的56%已属于加工、订货、统购、包销部分。私营经济中不利于国计民生的部分被削弱以至淘汰。资本主义金融业则在此时完成了社会主义改造。私营经济在数量上明显上升，但在国民经济中的比重却下降了。

（3）引导个体农民逐步走上互助合作的道路。随着农业生产的恢复和初步发展，土改后的农村出现了一些新情况新问题。一方面广大农民在分得土地和其他生产资料后，努力发展生产，经济地位普遍有所上升，很大一部分原来的贫农、雇农上升为新中农。另一方面农村阶层中新的分化开始出现，有重新导致两极分化的危险。鉴于此，中国共产党十分重视在农村开展各种形式的互助合作，推进农村生产力进一步发展。1952年，全国已有40%的农户参加了互助组，少数农户还参加了半社会主义或社会主义性质的农业生产合作社。

实践表明，这一时期国营经济的建立、对私营经济的改造以及农村互助合作组织的发展，都为后来系统的社会主义改造奠定了基础。

### 4. 如何理解中国走上社会主义道路的历史必然性?

第一，社会主义工业化是国家独立富强的首要条件。实现国家现代化，是近代以来无数仁人志士孜孜以求的理想，也是中国共产党领导人民实现国家独立富强的必由之路。1952年国民经济恢复工作完成时，中国现代工业在工农业总产值中的比重只有43.1%，重工业在工业总产值中的比重只有35.5%。要改变落后面貌，巩固国家政权，就必须通过社会主义道路实现国家工业化。

第二，资本主义经济力量弱小，发展困难，不可能成为中国工业起飞的基础。中国的民族资本主要是商业资本和金融资本，工业资本只占1/5。民族资本主义工业主要是轻纺工业和食品工业，缺少重工业的基础。这些工业企业大多规模小，技术设备落后，劳动生产率很低。为了改变这种情况，就必须在这些企业中改善经营管理，提高产品的质量，并且按照国家需要增加生产，培养技术人才，积累资金。而要如此，就必须对这些企业逐步实行社会主义改造。

第三，对个体农业进行社会主义改造，是保证工业发展、实现国家工业化的一个必要条件。土地改革后，农业生产摆脱了封建生产关系的束缚，一个时期有过较大发展；但这种发展又受到土地私有基础上的个体经营限制。只有引导个体农民组织起来走合作化的道路，农业生产力才能得到发展，农村也才能够为工业化提供必要的商品粮食、轻工业原料、工业品市场和积累工业发展的资金等条件。

第四，当时的国际环境也促使中国选择社会主义。新中国成立后，中国不但不可能从资本主义大国得到什么援助，而且连进行普通的贸易和交往都很困难。当时只有社会主义国家和第二次世界大战后为争取民族独立而斗争的国家同情中国，只有苏联能够援助中国。这也是促使中国共产党提出开始向社会主义逐步过渡的一个因素。

### 5. 过渡时期总路线的内容是什么?

中共中央在 1952 年底开始酝酿并于 1953 年初正式提出党在过渡时期的总路线。明确规定："从中华人民共和国成立，到社会主义改造基本完成，这是一个过渡时期。党在这个过渡时期的总路线和总任务，是要在一个相当长的时期内，逐步实现国家的社会主义工业化，并逐步实现国家对农业、对手工业和对资本主义工商业的社会主义改造。"这条总路线的主要内容可以概括为"一化三改"。"一化"就是发展社会主义的工业；"三改"就是对农业、手工业的改造和对私营工商业的改造。

### 6. 我国"一五"计划制定的指导方针和积极意义是什么?

制定一部切实可行的发展国民经济的中期计划，是完成过渡时期总路线规定的工业化主体任务的重要步骤。

（1）“一五”计划确定的经济建设指导方针，突出了集中主要力量发展重工业，建立国家工业化和国防现代化的初步基础的核心要点，同时要求相应地发展交通运输业、轻工业、农业和商业，相应地培养建设人才，保证国民经济中社会主义成分的比重稳步增长，保证在发展生产的基础上逐步提高人民的物质生活和文化生活的水平。

（2）“一五”计划制定的意义：一是集中主要力量发展重工业，同时不放松农业、轻工业，对国民经济各部门统筹兼顾、全面安排；二是科学进行工业布局，改变我国工业大多数集中在沿海地区的不合理状况；三是根据我国国力，积极稳妥确立工业、农业生产年均增长速度；四是把发展生产同改善人民生活恰当地结合起来；五是既要争取外援，同时又强调自力更生，国家建设应以国内力量为主。这些对于后来我国经济建设具有长远的指导意义。

### 7. 我国“一五”计划的实施取得了哪些主要成绩?

（1）从 1953 年开始，经济建设工作有计划地在全国展开。全国城乡迅速形成参加和支援国家工业化建设的良好氛围。

（2）工业建设战线喜报频传，以苏联援助的 156 项工程为中心的工业建设，使我国的工业生产能力和技术水平前进了一大步。

（3）一大批旧中国没有的基础工业部门一个个建立起来，一大批工矿企业在内地兴办。旧中国重工业过分落后的面貌和不合理布局大大改观。

（4）新中国迅速从废墟上站起，为我国建立独立完整的工业体系奠定了基础，为社会主义建设积累了宝贵经验。

### 8. 社会主义基本制度确立的伟大意义是什么?

（1）社会主义基本制度的确立极大地提高了工人阶级和广大劳动人民的积极性、创造性，为社会生产力的大发展开辟了广阔道路。

（2）社会主义基本制度的确立为当代中国的一切发展进步提供了根本政治保障。

（3）社会主义基本制度的确立为社会主义先进文化的发展指明了前进方向。

（4）标志着中国这个占世界 1/4 人口的东方大国进入了社会主义社会。

## 9. 中国共产党对社会主义建设的早期探索有哪些理论成果?

（1）《论十大关系》的提出。《论十大关系》是以毛泽东为主要代表的中国共产党人开始探索中国自己的社会主义建设道路的标志，它在新的历史条件下从经济方面和政治方面提出了新的指导方针，为中共八大的召开作了理论准备。后来，毛泽东回顾说，前几年照抄外国的经验，但“从一九五六年提出十大关系起，开始找到自己的一条适合中国的路线”。

（2）中共八大路线的制定。中共八大的路线是正确的，提出的许多新方针和新设想是富于创造精神的。这次会议对中国建设社会主义道路的探索，站在比较高的历史起点上，取得了初步成果，对于党和国家事业发展具有长远的重要意义。中共八大后，中国共产党在探索中又提出一些重要的新思想。1956 年 12 月，毛泽东提出，可以消灭了资本主义，又搞资本主义，并把这称作“新经济政策”。

（3）《关于正确处理人民内部矛盾的问题》的发表。它在马克思主义发展史上具有开创性意义。毛泽东深入研究社会主义社会的矛盾问题，形成一套系统的关于社会主义社会矛盾的学说，丰富和发展了科学社会主义理论，对党和社会主义建设事业具有长远的指导意义。

## 10. 毛泽东《论十大关系》的主要内容及其重要意义是什么?

1956 年 4 月 25 日，毛泽东在中央政治局扩大会议上作《论十大关系》的讲话，5 月 2 日又向最高国务会议作了报告。报告提出了“一定要努力把党内党外、国内国外的一切积极的因素，直接的、间接的积极因素，全部调动起来，把我国建设成为一个强大的社会主义国家”的基本方针。

《论十大关系》前五条主要讨论经济问题，从经济工作的各个方面来调动各种积极因素。前三条讲重工业和轻工业、农业的关系，沿海工业和内地工业的关系，经济建设和国防建设的关系。报告强调今后要更多地注意发展农业、轻工业，更多地利用和发展沿海工业，尽量降低军政费用的比重，多搞经济建设。第四、第五条讲国家、生产单位和生产者个人的关系，中央和地方的关系，并开始涉及经济体制的改革，提出要充分调动各方面的积极性，在巩固中央统一领导的前提下扩大地方权力。

《论十大关系》的后五条主要讨论政治关系，讲汉族和少数民族的关系、党和非党的关系、革命和反革命的关系、是非关系、中国和外国的关系，这些都属于政治生活和思想文化生活中调动各种积极因素的问题。报告提出，在共产党和民主党派的关系上实行“长期共存，互相监督”的方针，确认中国共产党领导的统一战线和多党合作要继续存在、发挥作用。在中国与外国的关系上，要学习资本主义国家先进的科学技术和企业管理方法中合乎科学的方面，但也要抵制和批判资产阶级的一切腐败制度和思想作风。

《论十大关系》展现出党为寻找适合中国情况的建设社会主义的道路而多方面探索的生动景象，中国社会主义建设道路的基本思路逐步清晰起来。它提出的许多重要方针和观点，对于后来国家的发展具有重要意义。

### 11. 我国“四个现代化”战略目标提出的前提和基础是什么?

首先，进行了国民经济的调整。国民经济出现的严重困难局面，给中国共产党以深刻的教训。1960 年 11 月，中共中央发出《关于农村人民公社当前政策问题的紧急指示信》，着手解决当前最为突出的农业和农村问题。1961 年 1 月，中共八届九中全会决定对国民经济实行“调整、巩固、充实、提高”的八字方针，以这两件事为标志，国民经济开始转入调整的新轨道。毛泽东在中共八届九中全会以及为准备这次全会而召开的中央工作会议上，号召全党大兴调查研究之风。1961 年 3 月，毛泽东在广州主持起草《农村人民公社工作条例（草案）》，确立以生产队为基本核算单位，要求认真贯彻按劳分配的原则，废除供给制，停办公共食堂。在此基础上，在刘少奇、周恩来、陈云、邓小平等的主持下，中共中央陆续制定出有关工业、商业、教育、科学、文艺等方面的工作条例草案，总结历史经验，继续纠正“左”的错误，推动国民经济转入 1962 年至 1965 年的三年调整时期。

其次，召开“七千人大会”。1962 年 1—2 月，扩大的中共中央工作会议（即“七千人大会”）在北京召开。这次会议发扬了党内的民主和自我批评精神，统一了全党的认识，对动员全党团结奋斗战胜困难起了极其重要的作用。经过七千人大会前后两年的调整，从 1963 年夏开始，各项建设事业呈现明显的健康发展势头。到 1965 年底，调整国民经济的任务全面完成。工农业生产总值超过历史最高水平；农轻重的比例关系得到改善；积累与消费的比例关系基本恢复正常；财政收支平衡，市场稳定，人民生活水平有所提高。

当国民经济调整工作取得巨大成就的时候，党适时提出了新的奋斗目标。1964 年底，周恩来在三届全国人大一次会议上郑重提出实现“四个现代化”的历史任务，并确定分两步走实现现代化的战略构想：从第三个五年计划开始，第一步，经过三个五年计划时期，建立一个独立的比较完整的工业体系和国民经济体系；第二步，全面实现农业、工业、国防和科学技术的现代化，使中国经济走在世界前列。“四个现代化”从此成为党和全国各族人民的共同奋斗目标，成为凝聚和团结全国各族人民不懈奋斗的强大精神力量。

## 12. 怎样认识“文化大革命”发生的历史原因？

“文化大革命”的发生，有着复杂的国际国内的社会历史原因。

（1）新中国成立后，很长一段时间一直面临严峻的外部环境。帝国主义长期敌视、封锁，把“和平演变”的希望寄托在中国第三代、第四代人身上。苏联在中苏关系恶化后给中国施加巨大压力，对中共中央在科学判断国内政治形势、确定党和国家中心任务和方针政策时产生极大影响。

（2）中国共产党是经过长期残酷的战争后迅速进入社会主义历史阶段的，对于任何在一个经济文化落后的国家建设社会主义缺乏科学认识，也没有充分的思想准备，容易沿用和照搬革命战争时期积累下来的成功的阶级斗争经验，观察和处理社会主义建设的许多新矛盾，把只在一定范围存在的阶级斗争仍然看作社会的主要矛盾，并运用大规模群众性政治运动的方法来解决。

（3）“文化大革命”的发动，主要考虑的是防止资本主义复辟、寻求中国自己的建设社会主义的道路。作为一个执政的无产阶级政党领袖，毛泽东不断观察和思考新兴的社会主义社会现实生活中的问题，极为关注艰难缔造党和人民政权的巩固，高度警惕资本主义复辟的危险，为消除党和政府中的腐败和特权、官僚主义等现象进行不断探索和不懈斗争。但是，由于对社会主义社会的建设发展规律认识不清楚，由于“左”的错误在理论和实践上的累计发展，很多关于社会主义建设的正确思想没有得到贯彻落实，最终酿成内乱。

### 13. 全面建设社会主义的探索实践中取得哪些重大成就？

（1）建立独立的、比较完整的工业体系和国民经济体系。第一，经济的发展速度仍然是比较快的。1952 年到 1978 年，工农业总产值平均年增长率为 8.2%，其中工业年均增长 11.4%。主要工业品的生产能力有了飞跃发展。在铁路、交通运输等基础设施建设方面，一批交通运输线、输油管线设施相继建成。从经济建设和国防建设的战略布局考虑，自 1964 年开始到 1980 年结束，国家共投资 2 052 亿元开展大规模的“三线”建设。独立的、比较完整的工业体系和国民经济体系的建立，从根本上解决了工业化中“从无到有”的问题，使中国在赢得政治上的独立之后赢得了经济上的独立，为中国以后的发展奠定了牢固的物质技术基础，而且也为中国同包括西方发达国家在内的世界各国在平等互利的原则下发展对外贸易和经济往来创建了前提。

（2）人民生活水平提高。全国总人口从1949年的5.416 7亿增长到1976年的9.371 7亿，同期粮食的人均占有量从418市斤增加到615市斤。全国居民的人均消费水平，农民从1952年的62元增加到1976年的131元，城市居民同期从154元增加到365元。在全国人民节衣缩食支援国家工业化基础建设的情况下，占世界1/4人口的基本生活需求初步得到满足，这在当时被世界公认是一个奇迹。

（3）文化、教育、医疗、科技事业蓬勃发展。第一，在文化建设方面着力扫除文盲，大力推广普通话，并加大对基础教育和高等教育的投资。第二，医疗事业也得到蓬勃发展。全国人口的死亡率从1949年的20‰下降到1976年的7.25‰，人均预期寿命，1949年为35岁，1975年提高到68.8岁。第三，高度重视发展体育事业，提出了“发展体育运动，增强人民体质”的指导方针。第四，新中国在核技术、人造卫星和运载火箭等尖端科学技术领域，取得一系列重大成就。

（4）形成历久弥新的时代精神。在面对重重困难艰辛探索适合中国国情的社会主义建设道路过程中，涌现出了大量先进典型和英雄模范人物，抒写了无数改天换地的壮丽诗篇，形成跨越时空、历久弥新的时代精神。

（5）国际地位的提高与国际环境的改善。新中国从建立之日起，就把捍卫民族独立、国家主权和维护世界和平、促进人类进步事业作为对外工作的目标，努力为国内和平建设创造良好的外部环境。中国同印度、缅甸等国共同倡导的和平共处五项原则，成为处理国与国关系的公认的国际准则；中国在支持民族解放运动中同广大发展中国家建立了友好关系。在广大发展中国家支持下，1971年10月25日，第26届联大通过2758号决议，决定恢复中华人民共和国在联合国的一切合法权利。从此，中国在联合国中发挥日益重要的作用，成为维护世界和平、反对霸权主义的一支中坚力量。

在社会主义革命和建设时期，中国共产党领导人民在确立社会主义基本制度基础上，对适合中国国情的社会主义建设道路进行了艰辛探索，经历了曲折发展，所取得的独创性理论成果和伟大成就，为新的历史时期开创中国特色社会主义提供了宝贵经验、理论准备、物质基础。历史证明，中国人民不但善于破坏一个旧世界，也善于建设一个新世界，只有社会主义才能救中国，只有社会主义才能发展中国。

## 课后实践

1. 主题教学。在理论课前 8 分钟开展“紧跟党走”主题教学。

2. 情境教学。开展原著品读的情境教学，阅读《毛泽东选集》(第五卷，人民出版社，1977 年，第 12 页）的《永远保持艰苦奋斗的作风》，理论联系实际，把自己摆进去，就如何保持艰苦朴素的工作作风，写一篇读后感，不少于 800 字。

3. 诵读教学。各小组现场开展《红色家书》诵读活动，要求：人人诵读，统一着装，有背景音乐，采取背诵式诵读。

4. 示范教学。请英雄人物、模范人物等作报告，传承革命理想和革命精神，学习劳模精神。

5. 影片教学。集中或各自线上观看电影《淮海战役》。

## 拓展阅读

阅读2013年12月习近平总书记在纪念毛泽东同志120周年诞辰座谈会上的讲话（摘自《人民日报》2013年12月27日），阅读时，可采用分组分段领读并逐段分享阅读心得，或分组对全文片段予以交流分享。

## 巩固测验

### 一、选择题

1. 新中国制定的第一部法律是（　　）。

A.《中华人民共和国宪法》

B.《中华人民共和国土地改革法》

C.《中华人民共和国婚姻法》

D.《中华人民共和国刑法》

2. 新中国成立初期，为了巩固新生的人民政权，党采取了一系列措施，其中不包括（　　）。

A. 镇压反革命

B. 统一财经

C. 进行土地改革

D. 开展“大跃进”运动

3. 新中国成立初期，面对美国等封锁、遏制新中国的情况，毛泽东提出的外交基本方针不包括（　　）。

A. “一边倒”

B.“打扫干净屋子再请客”

C.“不要四面出击”

D.“另起炉灶”

4. 朝鲜战争爆发后，美国宣布武装援助韩国，并派其海军（ ）进入台湾海峡，干涉中国内政。

A. 第六舰队

B. 第七舰队

C. 第八舰队

D. 第九舰队

5. 中国参照苏联的经验，第一个五年计划确定的指导方针和基本任务是：集中主要力量（ ），建立国家工业化和国防现代化的初步基础。

A. 发展重工业

B. 发展轻工业

C. 发展农业

D. 发展国防工业

6. 为加强党的建设，1951 年底到 1952 年，党开展了“三反”运动，其中不包括（ ）。

A. 反贪污

B. 反行贿

C. 反浪费

D. 反官僚主义

7. 党在过渡时期的总路线是：要在一个相当长的时期内，逐步实现国家的社会主义（ ），并逐步实现国家对农业、对手工业和对资本主义工商业的社会主义改造。

A. 工业化

B. 现代化

C. 农业化

D. 机械化

8. 1950年以后，在对资本主义工商业进行调整的过程中，国家资本主义有了相当程度的发展。国家资本主义的形式不包括（　　）。

A. 加工订货

B. 经销代销

C. 公私合营

D. 没收官僚资本

9. “一五”期间，中国着重建设了一大批基础性的重点工程，为国家的工业化奠定了初步的坚实基础。其中不属于这一时期工业建设成就的是（　　）。

A. 长春第一汽车制造厂建成投产

B. 第一架喷气式飞机成功试制

C. 武汉长江大桥通车

D. 第一颗原子弹成功爆炸

10. 我国第一部宪法是由（　　）讨论通过的。

A. 一届全国人大一次会议

B. 一届全国人大二次会议

C. 二届全国人大一次会议

D. 二届全国人大二次会议

## 二、简答题

1. 社会主义改造完成的历史意义是什么？

2. 社会主义基本制度确立的伟大意义是什么？

3. 在社会主义道路的艰辛探索中，总结了哪些历史教训？

参考答案

一、C D C B A B A D D A

二、

1. 一是使人民民主政权获得了自己的牢固的经济基础；二是社会主义最大优越性基本形成，能够集中力量办大事；三是坚持社会主义公有制主体地位，走上了共同富裕的道路；四是广大群众安居乐业，过上了幸福的生活。

2.（1）极大地提高了工人阶级和广大劳动人民的积极性、创造性，为社会生产力的大发展开辟了广阔道路。

（2）为当代中国的一切发展进步提供了根本政治保障。

（3）为社会主义先进文化的发展指明了前进方向。

（4）标志着中国这个占世界1/4人口的东方大国进入了社会主义社会，充分彰显了社会主义制度的优越性。

3. 一是必须科学对待马克思列宁主义，准确把握中国基本国情；二是必须正确认识社会主义社会的主要矛盾和党和国家的主要任务，集中力量发展生产力；三是必须改革和完善党和国家的领导制度，健全民主集中制和集体领导原则；四是必须发展社会主义民主，加强社会主义法制；五是必须制定正确的党的建设的方针和政策，不断加强执政党的建设；六是必须与时俱进，坚持改革发展的总思路。

# 第九章
# 改革开放与中国特色社会主义的开创和发展

## 本章导学

本章讲述的主要是，粉碎“四人帮”后，人民群众强烈要求彻底扭转十年内乱造成的严重局面，使党和国家从危难中重新奋起。这个时期，世界经济快速发展，科技进步、日新月异。国内外发展大势要求中国共产党尽快就关系党和国家前途命运的大政方针作出政治决断和战略抉择。1978 年 12 月，中国共产党召开了十一届三中全会，实现了党和国家历史上具有深远意义的伟大历史转折。自此之后，中国进入改革开放和社会主义现代化建设新的历史时期。经过数十年的努力，我国改革开放和现代化建设取得了巨大成就，积累了丰富的经验。

本章学习的目标：（1）认识党的十一届三中全会召开的历史意义；（2）了解中国特色社会主义道路的开辟和发展的历史进程；（3）认识中国共产党在社会主义初级阶段的基本理论、基本路线、基本纲领、基本经验；（4）了解新时期马克思主义中国化的历史进程及其理论成果；（5）认识坚持中国特色社会主义道路对实现中华民族伟大复兴的意义。

## 知识框架

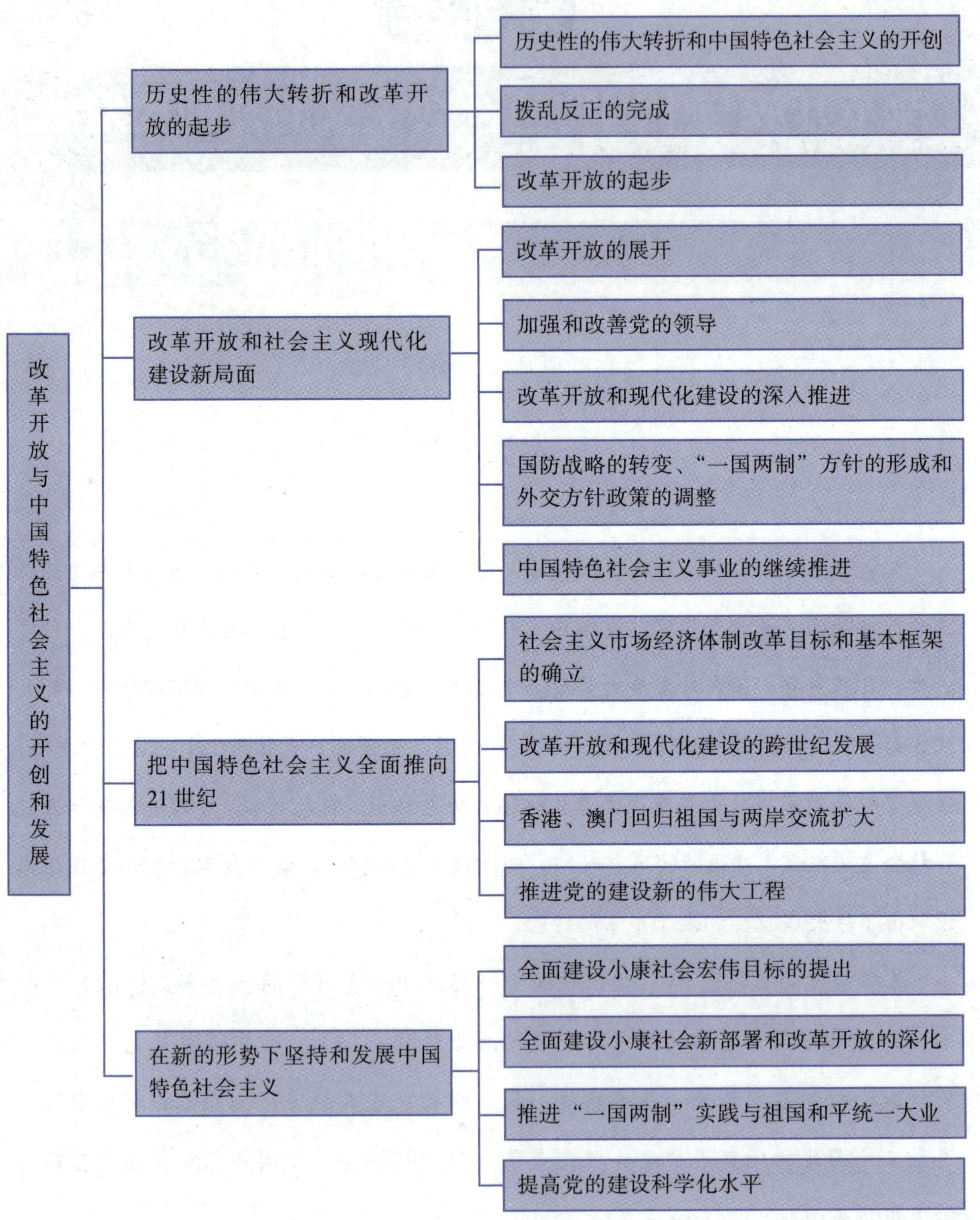
改革开放与中国特色社会主义的开创和发展
历史性的伟大转折和改革开放的起步
历史性的伟大转折和中国特色社会主义的开创
拨乱反正的完成
改革开放的起步
改革开放和社会主义现代化建设新局面
改革开放的展开
加强和改善党的领导
改革开放和现代化建设的深入推进
国防战略的转变、“一国两制”方针的形成和外交方针政策的调整
中国特色社会主义事业的继续推进
把中国特色社会主义全面推向21世纪
社会主义市场经济体制改革目标和基本框架的确立
改革开放和现代化建设的跨世纪发展
香港、澳门回归祖国与两岸交流扩大
推进党的建设新的伟大工程
在新的形势下坚持和发展中国特色社会主义
全面建设小康社会宏伟目标的提出
全面建设小康社会新部署和改革开放的深化
推进“一国两制”实践与祖国和平统一大业
提高党的建设科学化水平

## 内容梳理

### 1. 为什么说党的十一届三中全会是新中国成立以来的伟大历史性转折?

党的十一届三中全会的胜利召开结束了粉碎“四人帮”后党和国家工作在徘徊中前进的局面，标志着中国共产党重新确立了马克思主义的思想路线、政治路线、组织路线，实现了新中国成立以来党的历史上具有深远意义的伟大转折，开启了我国改革开放和社会主义现代化建设新时期。全会作出实行改革开放的历史性决策，是基于对党和国家前途命运的深刻把握，是基于对社会主义革命和建设实践的深刻总结，是基于对时代潮流的深刻洞察，是基于对人民群众期盼和需要的深刻体悟。改革开放是中国共产党的一次伟大觉醒，正是这个伟大觉醒，孕育了党从理论到实践的伟大创造。从这次全会开始，改革开放和开创中国特色社会主义的大幕拉开，邓小平理论也逐步形成和发展起来。党的十一届三中全会作为一个伟大转折点而载入光辉史册。

### 2. “四项基本原则”是怎样提出来的?

“四项基本原则”是我国的立国之本，是党和国家生存发展的政治基石。1979 年 3 月 30 日，针对当时社会上出现的从“左”的和右的方面怀疑以及反对党的十一届三中全会路线方针政策的错误思潮，邓小平在党的理论工作务虚会上发表《坚持四项基本原则》的讲话，强调在社会主义现代化的过程中，必须始终坚持四项基本原则，即必须坚持社会主义道路，必须坚持人民民主专政，必须坚持中国共产党的领导，必须坚持马克思列宁主义、毛泽东思想。这“是实现四个现代化的根本前提”，“如果动摇了这四项基本原则中的任何一项，那就动摇了整个社会主义事业，整个现代化建设事业。”这表明，中国共产党所领导的改革开放从一开始就具有明确的社会主义方向。

### 3. 为什么说《关于建国以来党的若干历史问题的决议》的通过标志着党在指导思想上拨乱反正的胜利完成?

（1）《决议》从根本上否定了“文化大革命”的错误理论和实践，对新中国成立以来的重大历史事件和重要历史人物作出了基本结论。

（2）《决议》科学地评价了毛泽东和毛泽东思想的历史地位，指出：毛泽东同志是伟大的马克思主义者，是伟大的无产阶级革命家、战略家和理论家。毛泽东思想是马克思列宁主义在中国的运用和发展，是被实践证明了的关于中国革命和建设的正确的理论原则和经验总结，是中国共产党集体智慧的结晶。

（3）《决议》对党的十一届三中全会以来逐步确立的适合中国情况的建设社会主义现代化强国的道路，从十个方面作了概括，实质上初步提出了在中国建设什么样的社会主义和怎样建设社会主义的问题。《决议》正确解决了既科学评价毛泽东的历史地位和毛泽东思想的科学体系，又根据新的实际和发展要求实行改革开放、确立中国社会主义现代化建设正确道路这两个相互联系的重大历史课题，充分体现出以邓小平同志为核心的中共中央领导集体的远见卓识和政治上的成熟。

以上表明，《决议》的通过标志着党在指导思想上拨乱反正的胜利完成。

### 4. 改革开放初期，我国改革在哪些方面首先取得新突破?

第一，国民经济的调整。针对 1977 年至 1978 年出现的国民经济比例失调的情况，1979 年 4 月召开的中共中央工作会议，提出对国民经济实行“调整、改革、整顿、提高”的方针，坚决纠正前两年经济工作中的失误，认真清理过去在这方面长期存在的“左”倾错误影响。经过两年的努力，经济形势较快好转，国民经济的主要比例关系渐趋合理，长期存在的积累率过高和农业、轻工业严重滞后的情况有了根本改变。

第二，农村改革的突破性进展。1978 年夏秋之际，安徽省遭遇严重旱灾，秋种遇到困难。省委决定把部分土地借给农民，谁种谁收。这一措施很快调动起群众的生产积极性。从“借地”中得到启发，安徽一些地方的基层干部和农民冲破旧体制的限制，开始包干到组、包产到户。1982年，中共中央发出“一号文件”，指出包产到户、包干到户等各种责任制，都是社会主义集体经济的生产责任制。在中央的支持和推动下，以包产到户、包干到户为主要形式的家庭联产承包责任制迅速推开来。农村改革是中国农民的伟大创造，改革首先在农村取得突破。

第三，城市经济体制改革的初步开展。在借鉴农村改革经验的基础上，以扩大企业自主权为主要内容的城市经济体制改革逐步在全国推开。在扩大企业自主权的基础上，城市改革逐步推向经济责任制方面，并于1981年春首先在山东省的企业中试行。商业流通体制的改革和所有制结构的改革也在展开。

第四，启动对外开放和创办经济特区。在改革推进的过程中，对外开放逐步展开，并取得重大突破。创办经济特区是党和国家推行改革开放和社会主义现代化建设的伟大创举。1980年5月，党中央、国务院正式将“出口特区”定名为“经济特区”。在中央决策的推动下，来自四面八方的建设者艰苦创业，在几年时间里，将深圳、珠海这些昔日落后的渔村小镇建设成为生机勃勃的崭新城市，创造了敢闯敢试、敢为人先、埋头苦干的特区精神。

第五，党和国家领导制度的改革。从党的十一届三中全会起，党中央认真总结和汲取以往党和国家政治生活中的经验教训，以改革党和国家领导制度，使民主制度化、法律化为主要内容的政治体制改革开始起步。中国共产党领导的多党合作和政治协商制度得到恢复和发展。中共中央对改革党和国家领导制度采取了一系列举措。1980年2月，党的十一届五中全会决定恢复设立中央书记处，作为中央政治局和它的常务委员会领导下的经常工作机构，选举胡耀邦为中央委员会总书记。在坚持党的领导的前提下，党和政府着力解决党政职责不清、党委包办一切，以及效率不高、机构臃肿、人浮于事、作风拖拉等问题，增加地方权力，扩大基层民主权利，加强各级人民代表大会的工作，省、县两级人代会增设常设机构，县级和县级以下人民代表普遍实行由选民直接选举的制度，切实保障审判、检察机关依据宪法而享有的审判权和检察权，等等。

### 5. 党的十二大的主要内容是什么?

（1）“建设有中国特色的社会主义”重大命题的提出。邓小平在大会开幕词中提出：“把马克思主义的普遍真理同我国的具体实际结合起来，走自己的道路，建设有中国特色的社会主义”。“建设有中国特色的社会主义”的重大崭新命题，回答了进入改革开放新时期后走什么样的道路这一全党和全国人民最为关心的重大问题，成为指引改革开放和社会主义现代化建设的伟大旗帜。

（2）制定全面开创社会主义现代化建设新局面的纲领。第一，提出中国共产党在新的历史时期的总任务是：团结全国各族人民，自力更生，艰苦奋斗，逐步实现工业、农业、国防和科学技术现代化，把我国建设成为高度文明、高度民主的社会主义国家。第二，提出了从1981年到20世纪末我国经济建设总的奋斗目标：在不断提高经济效益的前提下，国内工农业年总产值在20世纪末翻两番，即由1980年的7 100亿元增加到2000年的2.8万亿元左右，人民生活达到小康水平。第三，提出努力建设高度的社会主义精神文明和高度的社会主义民主的战略方针，强调社会主义精神文明是社会主义的重要特征，是社会主义制度优越性的重要表现。建设社会主义的物质文明和精神文明，都要靠发展社会主义民主来保证。社会主义民主建设必须同社会主义法制建设紧密地结合起来，使社会主义民主制度化、法律化。

### 6. 如何理解《关于经济体制改革的决定》内容及其意义?

1984年10月，党的十二届三中全会通过《关于经济体制改革的决定》。《决定》突破把计划经济同商品经济对立起来的观点，指出我国社会主义经济是在公有制基础上的有计划的商品经济；《决定》突破了把全民所有同国家机构直接经营企业混为一谈的传统观念，提出“所有权同经营权是可以适当分开的”。这是党中央在计划与市场关系问题上取得的新认识。会后，经济体制改革以城市为重点全面展开。改革的中心环节是增强全民所有制企业的活力，其中一项措施是推行承包经营责任制。

其他领域的体制改革也加快步伐。1985 年 3 月，中共中央作出《关于科学技术体制改革的决定》，提出经济建设必须依靠科学技术、科学技术工作必须面向经济建设的战略方针。1985 年 5 月，中共中央作出《关于教育体制改革的决定》，提出教育体制改革的根本目的是提高民族素质，多出人才、出好人才，要求有计划分步骤地实施九年义务教育。

### 7. 改革开放初期，我国国防战略作出了哪些转变？

党的十一届三中全会后，根据对国际国内形势变化的判断，军事战略计划由“积极防御，诱敌深入”改为“积极防御”。邓小平明确提出，要建设强大的现代化、正规化革命军队的总目标。1985 年五六月，中央军委召开扩大会议，提出对军队建设指导思想实行战略性重大转变，既把军队工作从立足于“早打、大打、打核战争”的临战准备状态真正转入和平时期建设轨道。1985 年下半年至 1987 年初，百万大裁军基本完成。1988 年，开始实行新的军衔制度，建立文职干部制度。人民解放军正规化建设迈出新步伐。

### 8. 改革开放初期，我国外交方针作出了哪些重大举措和重大调整？主要成绩如何？

党的十一届三中全会前夕，中国外交采取了两个重大举措。一是 1978 年 8 月同日本签订和平友好条约，二是同年 12 月同美国发表了正式建交的联合公报。随着国际形势的发展变化，中共中央对外交政策进行重大调整，实行两个重大转变。

第一个转变是改变战争不可避免而且迫在眉睫的观点，对战争与和平问题作出新的科学判断。第二个转变是改变过去联美抗苏的“一条线”战略。

随着外交方针政策的调整，中国外交取得了全方位发展。1989 年 5 月，破裂 20 多年的中苏关系实现正常化。到 1989 年，同中国建交的国家达到 137 个。一个有利于中国改革开放和现代化建设的外部环境初步形成。

### 9. 党的十三大的主要内容是什么?

1987 年 10 月 25 日至 11 月 1 日，中国共产党第十三次全国代表大会在北京举行。大会通过的报告《沿着有中国特色的社会主义道路前进》，系统阐述了社会主义初级阶段理论，明确概括了党在社会主义初级阶段的基本路线。

（1）社会主义初级阶段理论的提出。大会指出，我国正处在社会主义的初级阶段。这个论断，包括两层含义。第一，我国社会已经是社会主义社会。我们必须坚持而不能离开社会主义。第二，我国的社会主义社会还处在初级阶段。我们必须从这个实际出发，而不能超越这个阶段。

（2）提出党在社会主义初级阶段的基本路线。党的十三大报告根据社会主义初级阶段理论，提出党在社会主义初级阶段的基本路线是：领导和团结全国各族人民，以经济建设为中心，坚持四项基本原则，坚持改革开放，自力更生，艰苦创业，为把我国建设成为富强、民主、文明的社会主义现代化国家而奋斗。概括起来说，它的主要内容就是“一个中心、两个基本点”，即以经济建设为中心，坚持四项基本原则，坚持改革开放。实践证明，以经济建设为中心是兴国之要，四项基本原则是立国之本，改革开放是强国之路，这个基本路线是党和国家的生命线、人民的幸福线。

（3）大会高度评价党的十一届三中全会以来开辟建设有中国特色的社会主义道路在马克思主义中国化历史进程中的伟大意义。指出，这是马克思主义与中国实践结合的过程中，继找到中国新民主主义革命道路、建立新中国和社会主义基本制度，实现第一次历史性飞跃之后的第二次历史性飞跃。

大会对十一届三中全会以后开辟新道路的历史经验作了初步概括，并从我国社会主义建设的阶段、任务、动力、条件、布局和国际环境等方面，对改革开放和现代化建设实践中形成发展起来的一系列科学理论观点作了归纳，使建设有中国特色的社会主义理论有了更清晰的轮廓。

（4）制定“三步走”发展战略。党的十三大指出，党的十一届三中全会以后，我国经济建设的战略部署分三步走：第一步，实现国民生产总值比 1980 年翻一番，解决人民的温饱问题，这个任务已经基本实现；第二步，到 20 世纪末，使国民生产总值再增长一倍，人民生活达到小康水平；第三步，到 21 世纪中叶，人均国民生产总值达到中等发达国家水平，人民生活比较富裕，基本实现现代化。

“三步走”发展战略，对中华民族百年图强的宏伟目标作了积极而稳妥的规划，既体现了党和人民勇于进取的雄心壮志，又反映了从实际出发、遵循客观规律的科学精神，是中国共产党探索中国特色社会主义建设规律的重大成果，对中国未来几十年的发展具有深远影响。

（5）改革开放的不断推进和治理整顿的开始。按照党的十三大的部署，1988 年经济体制改革以深化企业经营机制改革为重点。七届全国人大一次会议通过的宪法修正案规定：“国家允许私营经济在法律规定的范围内存在和发展。私营经济是社会主义公有制经济的补充。”私营经济的法律地位得到确认。

对外开放的步伐进一步加大，1988 年 3 月，国务院决定适当扩大沿海经济开放区，新划入沿海经济开放区的有 140 个市、县，包括杭州、南京、沈阳 3 个省会城市。在全面改革的推动下，我国经济建设取得重大成就。

## 10. 邓小平南方谈话提出了哪些重要观点？

1992 年 1 月 18 日至 2 月 21 日，邓小平先后视察武昌、深圳、珠海、上海等地，并发表重要谈话。主要内容有：

（1）提出“三个有利于”。邓小平指出，改革开放胆子要大一些，敢于试验。看准了的，就大胆地试，大胆地闯。判断姓“社”姓“资”的标准，应该主要看是否有利于发展社会主义社会的生产力，是否有利于增强社会主义国家的综合国力，是否有利于提高人民的生活水平。

（2）计划和市场都是经济手段。邓小平指出，计划多一点还是市场多一点，不是社会主义与资本主义的本质区别。计划经济不等于社会主义，资本主义也有计划；市场经济不等于资本主义，社会主义也有市场。计划和市场都是经济手段。

（3）阐明社会主义本质。邓小平指出，社会主义的本质，是解放生产力，发展生产力，消灭剥削，消除两极分化，最终达到共同富裕。他强调，基本路线要管一百年，动摇不得。右可以葬送社会主义，“左”也可以葬送社会主义。中国要警惕右，但主要是防止“左”。

（4）提出“发展才是硬道理”的重要论断。邓小平强调，发展才是硬道理。抓住时机，发展自己，关键是发展经济。科学技术是第一生产力。

（5）强调“两手抓”。邓小平指出，中国要出问题，还是出在共产党内部。对这个问题要清醒。要坚持两手抓，一手抓改革开放，一手抓打击各种犯罪活动。这两只手都要硬。在整个改革开放过程中都要反对腐败。

（6）明确社会主义初级阶段的长期性和前途。面对世界社会主义出现的低潮，邓小平指出：我坚信，世界上赞成马克思主义的人会多起来的，因为马克思主义是科学。不要惊慌失措，不要认为马克思主义就消失了，没用了，失败了。哪有这回事！一些国家出现严重曲折，社会主义好像被削弱了，但人民经受锻炼，从中吸取教训，将促进社会主义向着更加健康的方向发展。邓小平强调，我们搞社会主义才几十年，还处在初级阶段。巩固和发展社会主义制度，还需要一个很长的历史阶段，需要我们几代人、十几代人，甚至几十代人坚持不懈地努力奋斗，决不能掉以轻心。

邓小平的南方谈话，从理论上深刻回答了长期困扰和束缚人们思想的许多重大问题，是把改革开放和现代化建设推向新阶段的又一个解放思想、实事求是的宣言书，不仅对即将召开的党的十四大具有十分重要的指导作用，而且对中国整个社会主义现代化建设事业具有重大而深远的意义。

### 11. 党的十四大作出了哪些重要决策？

1992 年 10 月 12 日至 18 日，中国共产党第十四次全国代表大会在北京举行。大会作出了三项具有深远意义的决策。

（1）抓住机遇，加快发展，集中精力把经济建设搞上去。大会指出，我国经济能不能加快发展，不仅是重大的经济问题，而且是重大的政治问题。现在国内条件具备，国际环境有利，既有挑战，更有机遇，是加快发展的好时机。大会对我国 20 世纪 90 年代的经济发展速度作出调整，把原定的国民生产总值平均每年增长 6% 调整为 8% 至 9%；提出到 20 世纪末，国民生产总值将超过原定比 1980 年翻两番的要求，人民生活由温饱进入小康。

（2）确定我国经济体制改革的目标是建立社会主义市场经济体制。使市场在社会主义国家宏观调控下对资源配置起基础性作用，使经济活动遵循价值规律的要求，适应供求关系的变化。把社会主义基本制度与市场经济结合起来，建立社会主义市场经济体制，是中国共产党人对马克思主义的重大发展，也是社会主义发展史上的重大突破，对我国改革开放和经济社会发展具有极其重要的作用。

（3）提出用邓小平建设有中国特色社会主义理论武装全党的任务。大会报告从发展道路、发展阶段、根本任务、发展动力、外部条件、政治保证、战略步骤、领导力量和依靠力量、祖国统一九个方面，对建设有中国特色社会主义理论的主要内容作了概括，指出这个理论第一次比较系统地初步回答了在中国这样的经济文化比较落后的国家如何建设社会主义、如何巩固和发展社会主义的一系列基本问题，用新的思想、观点继承和发展了马克思主义。

以邓小平南方谈话和党的十四大为标志，改革开放和现代化建设事业进入从计划经济体制向社会主义市场经济体制转变的新阶段，由此打开了中国经济、政治、文化发展的崭新局面。

12. **党的十五大的主要内容及历史意义是什么?**

1997 年 9 月 12 日至 18 日，中国共产党第十五次全国代表大会在北京举行。大会的主题是：高举邓小平理论伟大旗帜，把建设有中国特色社会主义事业全面推向 21 世纪。

（1）大会首次使用“邓小平理论”这个概念，把这一理论同马克思列宁主义、毛泽东思想一道确立为中国共产党的指导思想，并写入修改后的《中国共产党章程》。大会指出，邓小平理论围绕“什么是社会主义、怎样建设社会主义”这个根本问题，第一次比较系统地初步回答了建设有中国特色社会主义的一系列基本问题。大会强调，在改革开放和社会主义现代化建设的新时期，在跨越世纪的新征途上，一定要高举邓小平理论的伟大旗帜，用邓小平理论来指导我们整个事业和各项工作。

（2）提出了党在社会主义初级阶段的基本纲领，阐明了建设有中国特色社会主义的经济、政治和文化的基本要求。

（3）明确了中国跨世纪发展的战略部署，并就社会主义初级阶段的所有制结构和公有制实现形式、依法治国、建设社会主义法治国家、有中国特色社会主义文化建设等重大问题提出了新论断。大会指出：公有制为主体、多种所有制经济共同发展，是中国社会主义初级阶段的一项基本经济制度。公有制的实现形式可以而且应当多样化。依法治国，是党领导人民治理国家的基本方略，是发展社会主义市场经济的客观需要，是社会文明进步的重要标志，是国家长治久安的重要保障。建设有中国特色社会主义文化，就是以马克思主义为指导，以培育有理想、有道德、有文化、有纪律的公民为目标，发展面向现代化、面向世界、面向未来的，民族的科学的大众的社会主义文化。

（4）提出了新的“三步走”发展战略，即21世纪第一个十年实现国民生产总值比2000年翻一番，使人民的小康生活更加宽裕，形成比较完善的社会主义市场经济体制；再经过十年的努力，到中国共产党成立一百年时，使国民经济更加发展，各项制度更加完善；到21世纪中叶中华人民共和国成立一百年时，基本实现现代化，建成富强民主文明的社会主义国家。

党的十五大在世纪之交的关键时刻，继承邓小平遗志，承前启后、继往开来，明确回答了中国的改革开放和现代化建设继续向前发展的一系列重大理论问题和实践问题，从思想上、政治上、组织上为中国特色社会主义事业的跨世纪发展提供了根本保证。

### 13. 为什么说“一国两制”是香港、澳门回归的最佳方案？

1997年7月1号，中国和英国两国政府举行了香港政权交接仪式，宣告中国对香港恢复行使主权。1999年12月20日，澳门也回归祖国。香港、澳门的回归，使“一国两制”从科学构想变为现实，标志着祖国统一大业向前迈出了重要的一步。

香港、澳门同祖国内地的联系越来越紧密。面对亚洲金融危机的严重冲击和国际经济环境变化的不利影响，在中央政府的有力支持下，特别行政区政府沉着应对，各界人士携手努力，妥善处理的一系列经济和社会问题，保持了香港、澳门经济和社会的稳定与繁荣。事实充分表明,“一国两制”是解决历史遗留的香港、澳门问题的最佳方案，也是香港、澳门回归后保持长期繁荣稳定的最佳制度安排。

### 14. 党的十六大的主要内容及意义是什么？

2002年11月8日至14日，中国共产党第十六次全国代表大会在北京举行。

（1）大会对党的十三届四中全会以来13年的奋斗历程和基本经验进行系统总

结，指出：这些经验，联系党成立以来的历史经验，归结起来就是，我们党必须始终代表中国先进生产力的发展要求，代表中国先进文化的前进方向，代表中国最广大人民的根本利益。

（2）大会高度评价“三个代表”重要思想的历史地位和重要作用，把“三个代表”重要思想同马克思列宁主义、毛泽东思想、邓小平理论一道确立为中国共产党必须长期坚持的指导思想，并写入党章。

（3）大会提出了全面建设小康社会的奋斗目标。提出我国要在21世纪头20年，集中力量，全面建设惠及十几亿人口的更高水平的小康社会。经过这个阶段的建设，再继续奋斗几十年，到21世纪中叶基本实现现代化，把我国建成富强民主文明的社会主义国家。大会还从经济、政治、文化、社会、生态环境等方面提出了全面建设小康社会的目标，国内生产总值到2020年力争比2000年翻两番。

党的十六大是党在新世纪召开的第一次全国代表大会，明确回答了新世纪新阶段中国共产党举什么旗、走什么路、实现什么样的发展目标等重大问题。从此，中国人民踏上了全面建设小康社会的新征程。

### 15. 党的十七大的主要内容及意义是什么?

2007年10月15日至21日，中国共产党第十七次全国代表大会在北京举行。胡锦涛作《高举中国特色社会主义伟大旗帜，为夺取全面建设小康社会新胜利而奋斗》的报告。

（1）大会阐述了中国特色社会主义道路的基本内涵，首次提出中国特色社会主义理论体系的概念并作了概括。大会强调，改革开放以来我们取得一切成绩和进步的根本原因，归结起来就是：开辟了中国特色社会主义道路，形成了中国特色社会主义理论体系。中国特色社会主义理论体系，就是包括邓小平理论、“三个代表”重要思想以及科学发展观等重大战略思想在内的科学理论体系。这个理论体系是马克思主义中国化最新成果。

（2）大会全面阐述了科学发展观的科学内涵、精神实质和根本要求，明确科学发展观第一要义是发展，核心是以人为本，基本要求是全面协调可持续，根本方法是统筹兼顾。大会认为，科学发展观是中国特色社会主义理论体系重大创新成果，决定将这一成果写入党章。

（3）大会对实现全面建设小康社会的宏伟目标作出全面部署，在经济、政治、文化、社会、生态文明五个方面提出新要求，使全面建设小康社会的目标更全面、内涵更丰富、要求更具体。特别是根据经济持续快速发展的实际，调整了十六大提出的到2020年力争实现国内生产总值比2000年翻两番的经济增长目标，提出实现人均国内生产总值到2020年比2000年翻两番的更高要求。

（4）大会审议通过报告和《中国共产党章程（修正案）》。党章修正案增写了中国特色社会主义事业总体布局，全面推进经济建设、政治建设、文化建设、社会建设；党的中央和省、自治区、直辖市委员会实行巡视制度；党的干部要树立正确政绩观等内容。

### 16. 如何推进党的建设新的伟大工程?

（1）明确党的建设总目标与两大历史性课题。党的十四届四中全会把新时期党的建设提到“新的伟大工程”的高度。党的十五大把党的建设总目标概括为：要把党建设成为用邓小平理论武装起来、全心全意为人民服务、思想上政治上组织上完全巩固、能够经受住各种风险、始终走在时代前列、领导全国人民建设有中国特色社会主义的马克思主义政党。江泽民在十五届中央纪委第四次全会上强调，治国必先治党，治党务必从严。提出要解决好“提高领导水平和执政水平、增强拒腐防变和抵御风险的能力”两大历史性课题。

（2）“三讲”教育的开展。1995年11月，江泽民在北京考察工作时提出，必须把教育干部特别是教育领导干部摆在突出位置、作为关键的一环来抓，向各级领导干部提出了“讲学习、讲政治、讲正气”的要求。广大干部在“三讲”教育中拿起批评与自我批评的武器，广泛听取群众意见，查找领导工作中及自身存在的问题，开展积极健康的思想斗争，普遍受到一次深刻的马克思主义教育，经受了一次党内政治生活的严格锻炼。

（3）推进党风廉政建设。在改革开放和发展社会主义市场经济新条件下，党中央坚持把党风廉政建设和反腐败斗争作为关系党和国家生死存亡的大事来抓。一是各级领导干部要带头廉洁自律，二是集中力量查办一批大案要案，三是紧紧抓住本地区本部门本单位的突出问题，刹住群众最不满意的几股不正之风。党中央还果断作出了军队、武警部队和政法机关不再从事经商活动和党政机关与所办企业经营性企业脱钩，实行收支两条线、工程招标、政府采购制度等决策，努力从源头上预防和遏制腐败。

（4）“三个代表”重要思想的提出。在推进中国特色社会主义伟大事业和党的建设新的伟大工程中，以江泽民同志为主要代表的中国共产党人，科学分析国内外形势、党所处的历史方位和肩负的历史使命，深入思考面临的新情况新问题，加深了对什么是社会主义、怎样建设社会主义和建设什么样的党、怎样建设党的认识，逐步提出了“三个代表”重要思想。“三个代表”重要思想的提出与贯彻，有力地推动了改革开放和现代化建设的跨世纪发展，也为党的十六大的召开奠定了思想基础。

### 17. 党的十七大对全面建成小康社会的具体部署有哪些?

第一，增强发展协调性，实现经济又好又快发展。特别是根据经济持续快速发展的实际，调整十六大提出的到 2020 年力争实现国内生产总值比 2000 年翻两番的经济增长目标，提出实现人均国民生产总值到 2020 年比 2000 年翻两番的更高要求。

第二，扩大社会主义民主，更好保障人民权益和公平正义。

第三，加强文化建设，明显提高全民族文明素质。

第四，加快发展社会事业，全面改善人民生活。

第五，建设生态文明，基本形成节约能源资源和保护生态环境的产业结构、增长方式、消费模式。

### 18. 在新时期，党和政府推进祖国和平统一大业的主要举措有哪些？

（1）制定《反分裂国家法》。进入新世纪，“台独”分裂活动不断加剧，给海峡两岸关系和平稳定发展造成严重影响。2005 年 3 月 14 日，十届全国人大三次会议高票通过《反分裂国家法》。这充分表明全中国人民反对“台独”、维护国家统一和领土完整的共同意志和坚定决心。

（2）中共中央积极推动两岸政党交流。2005 年 4 月 29 日，中共中央总书记胡锦涛在北京会见中国国民党主席连战，实现了 60 年来中国共产党和中国国民党主要领导人之间第一次历史性握手。会后发表《两岸和平发展共同愿景》，国共两党达成一系列共识。

（3）推动两岸“三通”。两岸双方本着“建立互信、搁置争议、求同存异、共创双赢”的精神，共同致力于两岸关系改善与发展。2008 年 6 月，海协会与台湾海基会在“九二共识”基础上恢复制度化协商。12 月，两岸海上直航、空中直航及直接通邮正式启动，两岸“三通”迈开历史性步伐。2010 年 6 月，《海峡两岸经济合作框架协议》的签署，推进了两岸经济合作机制化、制度化进程。

（4）维护台湾人民切实利益。中国政府还妥善处理了台湾参加世界卫生大会、亚太经合组织领导人非正式会议等涉台外交问题，在协助处理台胞涉外纠纷等事务中切实维护台胞的合法权益，照顾台胞福祉。这些举措，既获得台湾岛内民众的欢迎和赞誉，又巩固了国际社会“一个中国”的格局，为两岸关系的和平发展增添了积极因素。

## 课后实践

1. 主题教学。在理论课前 8 分钟开展“紧跟党走”主题教学。

2. 情境教学。开展原著品读的情境教学，阅读《邓小平文选》(第二卷，人民出版社，1983 年，第 140—153 页)的《解放思想，实事求是，团结一致向前看》。

3. 诵读教学。通过《红色家书》诵读活动，选拔出诵读《红色家书》的第一、二、三名，前三名予以汇报表演，最终推举一组参加全校《红色家书》诵读的汇报演出。

4. 示范教学。聘请当地的全国劳动模范、全国英模或五四奖章获得者讲述自己的成长故事，引导学生成长成才，培育青年大学生社会主义核心价值观。

5. 影片教学。集中或各自线上观看电影《邓小平》。

## 拓展阅读

阅读《改革开放四十年积累的宝贵经验》(选自《习近平谈治国理政》第三卷，人民出版社，2020 年，第 181—189 页)。阅读时，可采用分组分段领读并逐段分享阅读心得，或分组对全文片段予以交流分享。

## 巩固测验

### 一、选择题

1. 1978 年 12 月 13 日，邓小平在中央工作会议闭幕会上发表(　　)的讲话，成为党的十一届三中全会的主题报告。

A.《关于建国以来党的若干历史问题的决议》

B.《解放思想，实事求是，团结一致向前看》

C.《实践是检验真理的唯一标准》

D.《反对本本主义》

2. 党的十一届三中全会作出把党和国家的工作重点转移到社会主义现代化建设上来和（　　）的战略决策。

A. 实行改革开放

B. 建设社会主义市场经济

C. 进行经济体制改革

D. 进行拨乱反正

3. 拨乱反正，最重要的是（　　）的拨乱反正。

A. 经济领域

B. 政治领域

C. 军事领域

D. 指导思想

4. 从1982年到1984年，党中央连续3年都以“一号文件”的形式，对包产到户、包干到户的生产责任制给予充分肯定并在政策上积极引导，最终形成（　　）。

A. 家庭承包经营制度

B. 家庭联产承包责任制

C. 家庭承包责任制

D. 家庭包产责任制

5. 1980年我国在下列哪几个城市设立了首批经济特区（　　）。

A. 湛江、深圳、泉州、厦门

B. 福州、厦门、广州、珠海

C. 汕头、深圳、上海、温州

D. 深圳、珠海、汕头、厦门

6. 第一次提出“建设有中国特色社会主义理论”概念是党的（　　）。

A. 十二大

B. 十三大

C. 十四大

D. 十五大

7. 我国正处于并将长期处于社会主义初级阶段。这个不可逾越的历史阶段，需要（　　）的时间。

A. 50 年

B. 100 年

C. 150 年

D. 200 年

8.“一国两制”最初是为解决（　　）问题而提出的。

A. 香港

B. 澳门

C. 台湾

D. 西藏

9. 邓小平在南方谈话中提出的“三个有利于”不包括（　　）。

A. 是否有利于发展社会主义社会的生产力

B. 是否有利于增强社会主义国家的综合国力

C. 是否有利于提高人民的生活水平

D. 是否有利于发展社会主义市场经济

10. 党的十四大确立的我国经济体制改革的核心是（　　）。

A. 建立现代企业制度

B. 完善的宏观调控体系

C. 建立社会主义市场经济体制

D. 坚持以公有制为主体、多种经济成分共同发展

11. 2001年12月11日，经过长达15年的艰苦谈判，中国正式加入（　　），标志着中国的对外开放进入一个新阶段。

A. 国际货币基金组织

B. 世界贸易组织

C. 世界银行

D. 世界卫生组织

12. 我国从2006年起全面取消（　　），标志着实行了2 600多年的“皇粮国税”退出历史舞台。

A. 营业税

B. 增值税

C. 个人所得税

D. 农业税

二、简答题

1. 党的十一届三中全会的召开有什么重大历史意义？

2. 党的十一届六中全会通过的《关于建国以来党的若干历史问题的决议》对于毛泽东和毛泽东思想是如何评价的？

3. 党的十三大确定的我国社会主义现代化建设“三步走”发展战略的内容是什么？其有何意义？

4. 请简述我国“一国两制”方针是怎样形成的。

## 参考答案

一、B A D B D A B C D C B D

二、

1. 党的十一届三中全会是新中国成立以来党的历史上具有深远意义的伟大转折。全会的胜利召开结束了粉碎“四人帮”后党和国家工作在徘徊中前进的局面，标志着中国共产党重新确立了马克思主义的思想路线、政治路线、组织路线，开启了我国改革开放和社会主义现代化建设新时期。全会作出实行改革开放的历史性决策，是基于对党和国家前途命运的深刻把握，是基于对社会主义革命和建设实践的深刻总结，是基于对时代潮流的深刻洞察，是基于对人民群众期盼和需要的深刻体悟。改革开放是中国共产党的一次伟大觉醒，正是这个伟大觉醒，孕育了党从理论到实践的伟大创造。从这次全会开始，改革开放和开创中国特色社会主义的大幕拉开，邓小平理论也逐步形成和发展起来。党的十一届三中全会作为一个伟大转折点而载入光辉史册。

2.《决议》科学地评价了毛泽东和毛泽东思想的历史地位，指出：毛泽东同志是伟大的马克思主义者，是伟大的无产阶级革命家、战略家和理论家。他虽然在“文化大革命”中犯了严重错误，但是就他的一生来看，他对中国革命的功绩远远大于他的过失。他的功绩是第一位的，错误是第二位的。他为中国共产党和中国人民解放军的创立和发展，为中国各族人民解放事业的胜利，为中华人民共和国的缔造和中国社会主义事业的发展，建立了永远不可磨灭的功勋。毛泽东思想是马克思列宁主义在中国的运用和发展，是被实践证明了的关于中国革命和建设的正确的理论原则和经验总结，是中国共产党集体智慧的结晶。《决议》对毛泽东思想的科学体系和活的灵魂（即实事求是、群众路线、独立自主）作了概括，强调毛泽东思想是我们党的宝贵的精神财富，它将长期指导我们的行动。

3. 党的十三大制定的社会主义现代化建设“三步走”的战略部署是：第一步，实现国民生产总值比 1980 年翻一番，解决人民的温饱问题，这个任务已经基本实现；第二步，到 20 世纪末，使国民生产总值再增长一倍，人民生活达到小康水平；第三步，到 21 世纪中叶，人均国民生产总值达到中等发达国家水平，人民生活比较富裕，基本实现现代化。

“三步走”发展战略，对中华民族百年图强的宏伟目标作了积极而稳妥的规划，既体现了党和人民勇于进取的雄心壮志，又反映了从实际出发、遵循客观规律的科学精神，是中国共产党探索中国特色社会主义建设规律的重大成果，对中国未来几十年的发展具有深远影响。

4. 20 世纪 70 年代后期，台湾问题被提上党和国家重要议事日程。中共中央和邓小平在毛泽东、周恩来等老一辈革命家关于争取和平解放台湾思想的基础上，正视历史和现实，创造性地提出“一国两制”科学构想，开辟了以和平方式实现祖国统一的新途径。

“一国两制”构想首先被运用于解决香港、澳门回归祖国的问题。1984 年 12 月，中英两国政府正式签署关于香港问题的联合声明，确认中国政府于 1997 年 7 月 1 日对香港恢复行使主权。1987 年 4 月，中葡两国政府正式签署关于澳门问题的联合声明，宣布中国政府将于 1999 年 12 月 20 日对澳门恢复行使主权。

解决香港、澳门问题的初步实践，证明“一国两制”构想既体现了实现祖国统一、维护国家主权的原则性，又充分考虑到香港、澳门等地的历史和现实，是推动祖国和平统一的创造性方针，在国际社会产生了巨大的影响。

# 第十章

# 中国特色社会主义进入新时代

## 本章导学

本章讲述的主要是，中国特色社会主义进入新时代以来，面对世界经济复苏乏力、局部冲突和动荡频发、全球性问题加剧的外部环境，面对我国经济发展进入新常态等一系列深刻变化，以习近平同志为核心的党中央不忘初心、牢记使命，团结带领全党全国各族人民砥砺前行、开拓创新，取得了改革开放和社会主义现代化建设的历史性成就。全面建成小康社会取得决定性成就，全面深化改革取得重大突破，全面依法治国取得重大进展，全面从严治党取得重大成果，国家治理体系和治理能力现代化加快推进，中国共产党领导和我国社会主义制度优势进一步彰显，中华民族日益走近世界舞台中央，迎来了实现伟大复兴的光明前景，比历史上任何时期都更接近伟大复兴的目标，比历史上任何时期都更有信心、有能力实现这个目标。

本章学习的目标：（1）深刻认识实现民族复兴中国梦提出的时代意义；（2）了解十八大以来党和国家事业取得的历史性成就和发生的历史性变革；（3）理解中国特色社会主义进入新时代的重要标志及新中国与世界的关系；（4）了解推进国家治理体系和治理能力现代化的重要意义及我国国家治理体系的比较优势；（5）了解全面建成小康社会宏伟目标如期实现和开启全面建设社会主义现代化国家新征程。

# 知识框架

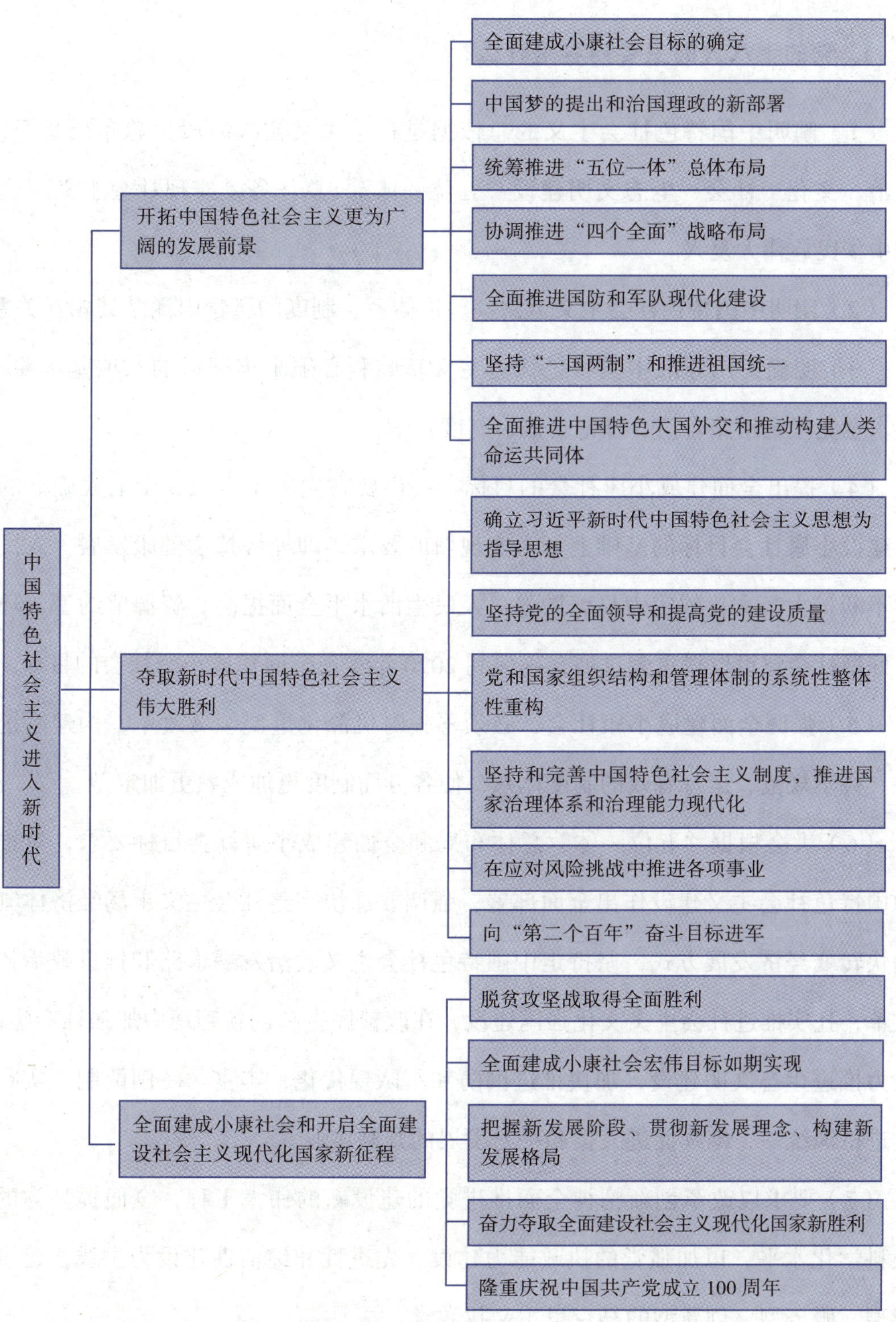
中国特色社会主义进入新时代
开拓中国特色社会主义更为广阔的发展前景
全面建成小康社会目标的确定
中国梦的提出和治国理政的新部署
统筹推进“五位一体”总体布局
协调推进“四个全面”战略布局
全面推进国防和军队现代化建设
坚持“一国两制”和推进祖国统一
全面推进中国特色大国外交和推动构建人类命运共同体
夺取新时代中国特色社会主义伟大胜利
确立习近平新时代中国特色社会主义思想为指导思想
坚持党的全面领导和提高党的建设质量
党和国家组织结构和管理体制的系统性整体性重构
坚持和完善中国特色社会主义制度，推进国家治理体系和治理能力现代化
在应对风险挑战中推进各项事业
向“第二个百年”奋斗目标进军
全面建成小康社会和开启全面建设社会主义现代化国家新征程
脱贫攻坚战取得全面胜利
全面建成小康社会宏伟目标如期实现
把握新发展阶段、贯彻新发展理念、构建新发展格局
奋力夺取全面建设社会主义现代化国家新胜利
隆重庆祝中国共产党成立100周年

## 内容梳理

**1. 党的十八大的主要内容是什么？**

（1）阐明中国特色社会主义的总依据是社会主义初级阶段，总布局是经济、政治、文化、社会、生态文明建设“五位一体”，总任务是实现社会主义现代化和中华民族伟大复兴。

（2）阐明中国特色社会主义道路、理论体系、制度的科学内涵及其相互关系。

（3）明确提出夺取中国特色社会主义新胜利必须牢牢把握的八项基本要求，要求全党坚定道路自信、理论自信、制度自信。

（4）提出全面建成小康社会的目标。提出要在党的十六大、十七大确立的全面建设小康社会目标的基础上努力实现新的要求，即经济持续健康发展，人民民主不断扩大，文化软实力显著增强，人民生活水平全面提高，资源节约型、环境友好型社会建设取得重大进展，确保到 2020 年实现全面建成小康社会的目标。

（5）强调全面建成小康社会，必须不失时机深化重要领域改革，构建系统完备、科学规范、运行有效的制度体系，使各方面制度更加成熟更加定型。

（6）大会根据“五位一体”总体布局和全面建成小康社会目标要求，对推进中国特色社会主义建设作出全面部署，强调要加快完善社会主义市场经济体制和加快转变经济发展方式，坚持走中国特色社会主义政治发展道路和推进政治体制改革，扎实推进社会主义文化强国建设，在改善民生和创新管理中加强社会建设，大力推进生态文明建设，加快推进国防和军队现代化，丰富“一国两制”实践和推进祖国统一，继续促进人类和平与发展的崇高事业。

（7）要求以改革创新精神全面推进党的建设新的伟大工程，全面提高党的建设科学化水平，以加强党的执政能力建设、先进性和纯洁性建设为主线，建设学习型、服务型、创新型的马克思主义执政党。

总之，党的十八大精神归结到一点，就是坚持和发展中国特色社会主义。党的十八大强调：我们必须坚定不移高举中国特色社会主义伟大旗帜，既不走封闭僵化的老路，也不走改旗易帜的邪路。

### 2. 如何理解中华民族伟大复兴中国梦的提出、内涵及实现途径?

（1）2012 年 11 月 29 日，习近平在参观《复兴之路》展览时首次提出并阐释实现中华民族伟大复兴的中国梦，强调实现中华民族伟大复兴就是中华民族近代以来最伟大的梦想，需要一代又一代中国人共同为之努力。此后习近平在十二届全国人大一次会议等重要场合，进一步阐述和丰富了中国梦的基本内涵、实践途径和依靠力量。习近平指出，中国梦核心内涵是中华民族伟大复兴，本质是国家富强、民族振兴、人民幸福。

（2）实现中国梦必须走中国道路，这就是中国特色社会主义道路；必须弘扬中国精神，这就是以爱国主义为核心的民族精神和以改革创新为核心的时代精神；必须凝聚中国力量，这就是中国各族人民大团结的力量。

（3）中国梦是国家的梦、民族的梦，也是每一个中华儿女的梦。中国梦归根到底是人民的梦，必须紧紧依靠人民来实现，必须不断为人民造福。中国梦是和平、发展、合作、共赢的梦，不仅造福中国人民，而且造福世界人民。

### 3. 明确习近平总书记核心地位的重要意义是什么?

（1）在治国理政实践中，习近平作为党、国家和军队的最高领导人，展现出坚定信仰信念、鲜明人民立场、非凡政治智慧、顽强意志品质、强烈历史担当、高超政治艺术，赢得了全党全军全国各族人民衷心拥护，受到了国际社会高度赞誉。

（2）习近平把握时代大趋势，回答实践新要求，顺应人民新期待，提出一系列重大思想观点，进一步丰富和发展了党的科学理论，为在新的历史起点上实现新的奋斗目标提供了基本遵循。

（3）在新的斗争实践中，习近平事实上已经成为党中央的核心、全党的核心。党内外形成一种普遍共识和强烈呼声：维护党中央权威和集中统一领导，必须明确和维护习近平在党中央、全党的核心地位。这是全党全国各族人民的共同愿望，是推进全面从严治党、提高党的创造力凝聚力战斗力的迫切要求，是保持党和国家事业发展正确方向的根本保证。党的十九大把习近平总书记党中央的核心、全党的核心地位写入党章。确立习近平的核心地位，是实践的选择、历史的选择，是全党的选择、人民的选择。

（4）习近平总书记成为党中央的核心、全党的核心，是众望所归、名副其实。坚决维护习近平总书记的核心地位，坚决维护党中央权威和集中统一领导，是党的十八大后的重大政治成果和宝贵经验，是全党在革命性锻造中形成的共同意志，对于更好地凝聚党和人民的力量，推进中国特色社会主义伟大事业和民族复兴大业，具有重大而深远的意义。

### 4. 习近平新时代中国特色社会主义思想的核心内容及其历史地位是怎样的?

（1）习近平新时代中国特色社会主义思想的核心内容是“十个明确”和“十四个坚持”，二者有机融合、有机统一，反映了以习近平同志为核心的党中央对中国特色社会主义规律性认识的深化，体现了理论与实际相结合、认识论和方法论相统一的鲜明特色。

（2）习近平新时代中国特色社会主义思想，是对马克思列宁主义、毛泽东思想、邓小平理论、“三个代表”重要思想、科学发展观的继承和发展，是马克思主义中国化最新成果，是党和人民实践经验和集体智慧的结晶，是中国特色社会主义理论体系的重要组成部分，是全党全国人民为实现中华民族伟大复兴而奋斗的行动指南，必须长期坚持并不断发展。

习近平以马克思主义政治家、思想家、战略家的非凡勇气、卓越政治智慧、强烈使命担当，提出一系列具有开创性意义的新理念新思想新战略，为习近平新时代中国特色社会主义思想的创立发挥了决定性作用、作出了决定性贡献，是这一思想的主要创立者。

习近平新时代中国特色社会主义思想为发展马克思主义作出了原创性贡献。这一思想作为当代中国马克思主义、21 世纪马克思主义，是中华文化和中国精神的时代精华，实现了马克思主义中国化新的飞跃。

2018 年 3 月，十三届全国人大一次会议通过的宪法修正案，把习近平新时代中国特色社会主义思想载入宪法，实现了国家指导思想的与时俱进，反映了全国各族人民共同意志和全社会共同意愿。

### 5. 怎样理解中国特色社会主义进入新时代、我国社会主要矛盾发生新变化?

党的十九大指出，经过长期努力，中国特色社会主义进入了新时代，这个重大政治论断揭示了党和人民事业所处的历史方位和发展阶段，是党明确阶段性中心任务、制定路线方针政策的根本依据。

党的十九大提出，我国社会主要矛盾已经转化为人民日益增长的美好生活需要和不平衡不充分的发展之间的矛盾，这对党和国家工作提出了新要求，是经济社会发展的必然结果。

我国社会主要矛盾的变化，没有改变我们对我国社会主义所处历史阶段的判断，我国仍处于并将长期处于社会主义初级阶段的基本国情没有变，我国是世界最大发展中国家的国际地位没有变。

### 6. 如何理解坚持党对一切工作的领导这一重大要求?

党的十九大将“中国特色社会主义最本质的特征是中国共产党领导，中国特色社会主义制度的最大优势是中国共产党领导，党是最高政治领导力量”确立为习近平新时代中国特色社会主义思想的重要内容，同时把这一重大政治原则写入党章，这是中国共产党、中国人民在坚持和发展中国特色社会主义中最根本的经验总结，是道路自信、理论自信、制度自信、文化自信的集中体现。

2018 年 3 月，十三届全国人大一次会议通过《中华人民共和国宪法修正案》，在宪法序言中确定党的领导地位，并明确规定中国共产党领导是中国特色社会主义最本质的特征。宪法以根本法的形式确立党的领导地位，反映的是中国最大的国情，有利于在全体人民中强化党的领导意识，有效地把党的领导落实到国家工作全过程和各方面，确保党和国家事业始终沿着正确方向前进。

党的全面领导是具体的，不是空洞的、抽象的，必须体现到治国理政的方方面面，体现到国家政权的机构、体制、制度等的设计、安排、运行之中，确保党的领导全覆盖，确保党的领导更加坚强有力。

党的十九届四中全会通过的决定强调，“健全总揽全局、协调各方的党的领导制度体系，把党的领导落实到国家治理各领域各方面各环节”。这为新时代加强党的全面领导提供了有力制度保证。

### 7. 我国国家制度和国家治理体系具有哪些显著优势?

（1）坚持党的集中统一领导，坚持党的科学理论，保持政治稳定，确保国家始终沿着社会主义方向前进的显著优势。

（2）坚持人民当家作主，发展人民民主，密切联系群众，紧紧依靠人民推动国家发展的显著优势。

（3）坚持全面依法治国，建设社会主义法治国家，切实保障社会公平正义和人民权利的显著优势。

（4）坚持全国一盘棋，调动各方面积极性，集中力量办大事的显著优势。

（5）坚持各民族一律平等，铸牢中华民族共同体意识，实现共同团结奋斗、共同繁荣发展的显著优势。

（6）坚持公有制为主体、多种所有制经济共同发展和按劳分配方式为主体、多种分配方式并存，把社会主义制度和市场经济有机结合起来，不断解放和发展社会生产力的显著优势。

（7）坚持共同的理想信念、价值理念、道德观念，弘扬中华优秀传统文化、革命文化、社会主义先进文化，促进全体人民在思想上精神上紧紧团结在一起的显著优势。

（8）坚持以人民为中心的发展思想，不断保障和改善民生、增进人民福祉，走共同富裕道路的显著优势。

（9）坚持改革创新、与时俱进，善于自我完善、自我发展，使社会充满生机活力的显著优势。

（10）坚持德才兼备、选贤任能，聚天下英才而用之，培养造就更多更优秀人才的显著优势。

（11）坚持党指挥枪，确保人民军队绝对忠诚于党和人民，有力保障国家主权、安全、发展利益的显著优势。

（12）坚持“一国两制”，保持香港、澳门长期繁荣稳定，促进祖国和平统一的显著优势。

（13）坚持独立自主和对外开放相统一，积极参与全球治理，为构建人类命运共同体不断作出贡献的显著优势。

### 8. 如何理解“十三五”规划目标任务完成后，中国进入了一个新发展阶段？

中国正站在新的历史起点上，全面建成小康社会的第一个百年奋斗目标如期实现，进入全面建设社会主义现代化国家的新发展阶段。

新发展阶段是实现第二个百年奋斗目标、把民族复兴伟业推向新境界的阶段，同时是其中经过几十年积累、站到了新的起点上的一个阶段，是中国共产党带领人民迎来从站起来、富起来到强起来历史性跨越的新阶段。

新发展阶段也是社会主义初级阶段中的一个阶段。社会主义初级阶段不是一个静态、一成不变、停滞不前的阶段，而是一个动态、积极有为、始终洋溢着蓬勃生机活力的过程，是一个阶梯式递进、不断发展进步、日益接近质的飞跃的量的积累和发展变化的过程。

**9. 党的十八大以来，党中央统筹推进“五位一体”总体布局的具体举措有哪些?**

（1）经济建设取得重大成就。面对错综复杂的国内外经济形势，党中央审时度势，成功驾驭我国经济发展大局，经济建设取得重大成就。2013 年，习近平作出我国经济发展进入新常态这一重大论断。在新常态下，我国经济发展的主要特点是：增长速度从高速转向中高速，发展方式从规模速度型转向质量效率型，经济结构调整从增量扩能为主转向调整存量、做优增量并举，发展动力从主要依靠资源和低成本劳动力等要素投入转向创新驱动。党的十八届五中全会审议通过了《中共中央关于制定国民经济和社会发展第十三个五年规划的建议》，明确提出了以人民为中心的发展思想，提出了创新、协调、绿色、开放、共享的发展理念。推进供给侧结构性改革，是适应和引领经济发展新常态的重大创新。在新发展理念正确指引下，经济发展取得巨大成就。

（2）民主政治建设迈出重大步伐。中国是一个发展中大国，坚持正确的政治发展道路是关系根本、关系全局的重大问题。坚持发挥中国共产党总揽全局、协调各方的领导核心作用，提高党科学执政、民主执政、依法执政水平，保证党领导人民有效治理国家。人民代表大会制度不断完善。社会主义协商民主广泛多层制度化发展。中国共产党领导的多党合作和政治协商制度实现新发展。民族区域自治制度得到切实贯彻落实。基层群众自治制度充满活力。爱国统一战线不断巩固发展。

（3）思想文化建设取得重大进展。党对意识形态工作的领导发生深刻变革。从2013年至2016年，习近平发表了一系列重要讲话，深刻回答了新的历史条件下宣传思想文化工作的重大理论和现实问题。党中央还作出了一系列重大工作部署。经过不懈努力，意识形态领域敢抓敢管、敢于亮剑，牢牢掌握工作领导权、管理权、话语权，人心凝聚、团结向上的良好局面日益形成，马克思主义在我国社会主义意识形态中的指导地位进一步巩固。培育和践行社会主义核心价值观。实施中华优秀传统文化传承发展工程，推动中华优秀传统文化创造性转化、创新性发展。文化事业和文化产业蓬勃发展。

（4）人民生活不断改善。进入新时代，民生领域需求日益复杂多元。党中央坚持以人民为中心，统筹做好各项各领域民生工作，让改革发展成果更多更公平惠及全体人民。就业是最大的民生。面对结构性就业压力，党中央深入实施就业优先战略和更加积极的就业政策，出台完善各项创业优惠政策，大力发展职业教育和职业培训，加大援企稳岗力度。各级党委和政府不断健全劳动关系协调和矛盾调处机制，建立解决农民工工资拖欠长效机制，推动全社会共同构建和谐劳动关系。收入是民生之源。党和政府坚持按劳分配原则，努力拓宽居民劳动收入和财产性收入渠道，完善按要素分配的体制机制，通过“扩中、提低、调高、打非”，缩小收入分配差距，促进收入分配更合理、更有序。百年大计，教育为本。党中央紧扣落实立德树人根本任务深化教育改革，努力构建德智体美劳全面培养的教育体系，中国特色社会主义教育制度体系的主体框架基本确立。深化考试招生制度等教育综合改革，加快推进中西部教育发展，加大对革命老区、民族地区、边远地区、贫困地区基础教育的投入力度。统筹推进世界一流大学和一流学科建设，以提升我国高等教育综合实力和国际竞争力。教师队伍建设大为加强，覆盖大中小学完整的师德建设制度体系加快建立。社保是民生之依。坚持全覆盖、保基本、多层次、可持续的方针，不断深化社会保障制度改革，建成世界上规模最大的社会保障体系。全面建立统一的城乡居民基本养老保险制度，推进机关事业单位养老保险制度改革，建立企业职工基本养老保险基金中央调剂制度，启动养老保险基金投资运营，制度的公平性和可持续性显著增强。健康中国战略全面深入实施。以体制创新为关键，加强和创新社会治理。坚定不移走中国特色社会主义社会治理之路，基本建成党委领导、政府负责、社会协同、公众参与、法治保障的社会治理体制，初步形成共建共治共享的社会治理格局。

（5）生态文明建设成效显著。党的十八大后，以习近平同志为核心的党中央高度重视生态文明建设，推动我国生态环境保护发生历史性、转折性、全局性变化。建设生态文明，重在建章立制，用最严格的制度、最严密的法治保护生态环境。推进生态文明建设离不开对生态环境有利的监管。党中央明确生态环境保护实行党政同责、一岗双责，严格落实领导干部生态文明建设责任制，一些严重破坏生态环境事件受到严肃查处。国土空间开发保护制度和空间规划体系不断健全。坚持山水林田湖草是一个生命共同体，全面加大生态系统保护力度。积极参与全球环境与全球气候治理。积极推动联合国气候变化巴黎大会达成《巴黎协定》这一历史性文件，积极履行生物多样性保护国际义务。这一时期，绿色发展方式加快形成，绿色生活方式日益成为人们的普遍共识和共同追求。

### 10.“四个全面”战略布局是如何提出的？其主要意义是什么？

（1）2014 年 12 月，习近平在江苏调研时首次提出协调推进全面建成小康社会、全面深化改革、全面依法治国、全面从严治党。2015 年 2 月，习近平在省部级主要领导干部学习贯彻十八届四中全会精神全面推进依法治国专题研讨班开班式上的讲话，明确将“四个全面”定位为“战略布局”。

（2）“四个全面”战略布局，每一个“全面”都具有重大战略意义，都是事关全局的战略重点。“四个全面”相辅相成、相互促进、相得益彰，具有严密逻辑和内在联系，是战略目标与战略举措相统一的有机整体。“四个全面”战略布局抓住了党和国家事业发展中根本性、全局性、紧迫性的重大问题，擘画了推进改革开放和现代化建设的顶层设计，集中体现了党和国家事业长远发展的战略目标和举措，是党在新时代把握我国发展新特征确定的治国理政新方略，具有重要的战略意义。

### 11. 新时代，党推进“四个全面”战略布局的具体举措有哪些?

（1）全力推进全面建成小康社会进程。全面建成小康社会，在“四个全面”战略布局中居于引领地位。全面建成小康社会，强调的不仅是“小康”，更重要、更难做到的是“全面”。没有全民小康，就没有全面小康。小康不小康，关键看老乡。全面建成小康社会，最艰巨最繁重的任务在农村，特别是在贫困地区。新时代的扶贫开发工作呈现新局面。2013 年 11 月，习近平在湖南考察时，首次创造性地提出“精准扶贫”的重要理念，标志着我国扶贫方式的重大转变。2015 年 10 月，党的十八届五中全会审议通过“十三五”规划建议，把农村贫困人口脱贫作为全面建成小康社会的基本标志。

（2）全面深化改革取得重大突破。全面深化改革是“四个全面”战略布局中具有突破性和先导性的关键环节。进入新时代，党中央推进全面深化改革，改革呈现全面发力、多点突破、蹄疾步稳、纵深推进的态势。党的十八届三中全会审议通过的《中共中央关于全面深化改革若干重大问题的决定》，对全面深化改革作出顶层设计和总体规划。全面深化改革是一个复杂的系统工程，需要建立更高层面的领导机制。2013 年 12 月，中央成立习近平任组长的中央全面深化改革领导小组，负责改革总体设计、统筹协调、整体推进、督促落实。在改革实践中，党中央突出强调以经济体制改革为重点，发挥经济体制改革牵引作用，提出并推进供给侧结构性改革、农村土地“三权分置”、深化国资国企改革、发展混合所有制经济等新理念新举措。在推进全面深化改革的发展历程中，党中央着力抓好基础性、长远性、系统性的制度设计。国家治理体系和治理能力在制度的不断完善中得到提升。

（3）全面推进依法治国迈出坚实步伐。全面依法治国在“四个全面”战略布局中具有基础性、保障性作用。党中央高度重视宪法在治国理政中的重要地位和作用，明确坚持依法治国首先要坚持依宪治国。建立健全完备的法律规范体系，以良法保障善治，是全面依法治国的前提和基础。推进全面依法治国，法治政府建设是重点任务。推动以司法责任制为重点的司法体制改革。不断强化法治社会建设，是全面依法治国的固本之举。2017 年 5 月印发的《关于实行国家机关“谁执法谁普法”普法责任制的意见》，首次将国家机关明确为法治宣传教育的责任主体。在此基础上，党委统一领导、部门分工负责、各司其职、齐抓共管的“大普法”格局逐步形成。

（4）全面从严治党成效卓著。全面从严治党是“四个全面”战略布局的根本保证，是党的十八大以来党中央抓党的建设的鲜明主题。党是领导一切的。中国特色社会主义最本质的特征是中国共产党领导，中国特色社会主义制度的最大优势是中国共产党领导。坚持党的领导，首先是坚持党中央权威和集中统一领导。为加强党的全面领导，中央进一步健全完善相关制度机制。全面从严治党首先是从作风问题抓起。新时代全面从严治党从中央政治局立规矩开始，从落实中央八项规定精神入手。坚持把纪律挺在前面，严明政治纪律和政治规矩。党要管党，首先是从党内政治生活管起。坚持思想建党和制度治党紧密结合，注重解放思想问题、拧紧“总开关”。全方位扎紧制度的笼子，制度治党依规治党水平不断提升。不断完善党和国家监督体系。党的十八大以后的五年，党中央两次修订《中国共产党巡视工作条例》，首次实现一届任期内巡视全覆盖。从严治党，关键是从严治吏。

### 12. 新时代全面推进国防和军队现代化建设的具体措施有哪些?

（1）确定新时代强军目标。2012 年 12 月，习近平在会见驻广州部队师以上领导干部时，首次提出“强军梦”，指出我们要实现中华民族伟大复兴，一定要坚持富国和强军相统一，建设巩固国防和强大军队。强军目标中，听党指挥是灵魂，决定军队建设的政治方向；能打胜仗是核心，反映军队的根本职能和军队建设的根本指向；作风优良是保证，关系军队的性质、宗旨、本色。强军目标是从全局上对国防和军队建设作出战略筹划和顶层设计，是党在新时代建军治军的总方略。强国强军，战略先行。

（2）贯彻新时代政治建军方略。革命的政治工作是革命军队的生命线。习近平明确提出了军队政治工作的时代主题，即紧紧围绕实现中华民族伟大复兴的中国梦，为实现党在新形势下的强军目标提供坚强政治保证。2014 年 12 月，中共中央转发《关于新形势下军队政治工作若干问题的决定》。2015 年 2 月，中央军委制定《贯彻落实全军政治工作会议精神总体部署方案》，向全军下达落实政治建军方略的总规划、任务书。中央军委实行主席负责制，是坚持党对人民军队绝对领导的根本制度和根本实现形式。

（3）深化国防和军队改革。从 2015 年底开始，领导指挥体制改革率先展开。至党的十九大前，国防和军队改革取得历史性突破，形成军委管总、战区主战、军种组建新格局，人民军队组织架构和力量体系实现革命性重塑。科技是现代战争的核心战斗力，人民军队坚持向科技创新要战斗力，取得了一系列显著成就。依法治军、从严治军是强军之基，是人民军队深化改革、推进现代化建设的重要内容。

（4）聚焦能打胜仗强化练兵备战。2012 年底，习近平在中央军委扩大会议上鲜明地提出牢固确立战斗力这个唯一的根本的标准，要求把战斗力标准贯穿到军队建设全过程和各方面，为新时代备战打仗指明了方向。大抓实战化军事训练，坚持以战领训、以训促战、战训一致。深入推进联战联训，加速提升一体化联合作战能力。贯彻落实党中央和中央军委的决策部署，全军部队广泛开展各战略方向使命课题针对性训练和各军兵种演训。

党的十八大以来，以党在新时代的强军目标为指引，人民军队重整行装再出发，在中国特色强军之路上迈出坚实步伐，开创了强军兴军新局面。

### 13. 构建中国特色大国外交的主要举措有哪些?

（1）倡导推动构建人类命运共同体。2013 年 3 月，习近平在莫斯科国际关系学院发表演讲，首次提出人类命运共同体理念。2015 年 9 月，习近平在纽约联合国总部出席第七十届联合国大会一般性辩论并发表重要讲话，将构建以合作共赢为核心的新型国际关系与打造人类命运共同体紧密相连，提出“五位一体”总体路径，深入论述人类命运共同体理念。2017 年 3 月，“构建人类命运共同体”被写入联合国安理会第 2344 号决议。

（2）积极促进“一带一路”国际合作。2013 年秋，习近平提出了共建丝绸之路经济带和 21 世纪海上丝绸之路倡议。2014 年 6 月，习近平在中国—阿拉伯国家合作论坛第六届部长级会议上首次正式使用“一带一路”的提法，并对丝绸之路精神和“一带一路”建设应该保持的原则作出系统阐述。2014 年 11 月，“加强互联互通伙伴关系”东道主伙伴对话会在北京举行，习近平提出以亚洲国家为重点方向、以经济走廊为依托、以交通基础设施为突破、以建设融资平台为抓手、以人文交流为纽带的合作建议，进一步指明了“一带一路”建设的方向和路径。

（3）打造全球伙伴关系。大国关系事关全球战略稳定。中俄关系一直是中国外交的重点方向之一。推动中欧全面战略伙伴关系向前发展。中国与周边国家唇齿相依，命运与共。2013 年 10 月，党中央专门召开新中国成立以来的首次周边外交工作座谈会，强调我国周边外交的基本方针，就是坚持与邻为善、以邻为伴，坚持睦邻、安邻、富邻，提出“亲、诚、惠、容”的周边外交理念，2014 年 11 月的中央外事工作会上，习近平提出打造周边命运共同体。广大发展中国家是我国在国际事务中的天然同盟军。

（4）引领全球治理体系改革和建设。随着国际力量对比发生深刻变化和全球性挑战日益增多，加强全球治理、推动全球治理体系改革和建设是大势所趋。努力为全球治理贡献中国智慧和力量。积极参与制定多个新兴领域治理规则。建设性地参与解决国际和地区热点问题。

中国不断丰富和发展维护国家利益的方式手段，坚决捍卫国家主权、安全和领土完整，坚决遏制和打击一切形式的分裂行径，积极保障经济金融安全，有效维护海外利益，防范和化解各种风险挑战，为改革发展和民族复兴提供有力支撑。

## 14.“十四五”时期经济社会发展的指导方针是什么？

2020 年 10 月 26 日至 29 日，党的十九届五中全会在北京举行。全会听取和讨论习近平受中央政治局委托作的工作报告，审议通过《中共中央关于制定国民经济和社会发展第十四个五年规划和二〇三五年远景目标的建议》（以下简称《建议》）。《建议》在确立基本实现现代化远景目标的同时，谋划了“十四五”时期经济社会发展的指导方针、基本原则和主要目标。

《建议》明确了“十四五”时期经济社会发展的指导思想，要求统筹推进“五位一体”总体布局和协调推进“四个全面”战略布局，坚定不移贯彻创新、协调、绿色、开放、共享的新发展理念，坚持稳中求进工作总基调，以推动高质量发展为主题，以深化供给侧结构性改革为主线，以改革创新为根本动力，以满足人民日益增长的美好生活需要为根本目的，统筹发展和安全，加快建设现代化经济体系，加快构建以国内大循环为主体、国内国际双循环相互促进的新发展格局，推进国家治理体系和治理能力现代化，实现经济行稳致远、社会安定和谐，为全面建设社会主义现代化国家开好局、起好步。

## 课后实践

1. 主题教学。在理论课前 8 分钟开展“紧跟党走”主题教学。

2. 情境教学。到当地红色文化场所或革命人物故居等实地瞻仰学习，学习革命人物崇高的革命风范和革命精神，感受革命人物崇高的革命信仰。参观后，撰写 1 000 字左右的学习体会。

3. 诵读教学。要求每一位同学给自己的父母写一封家书，尤其是写诵读《红色家书》的心得体会及思政课实践学习的点滴收获等。

4. 示范教学。邀请当地的全国劳动模范、全国英模或五四奖章获得者讲述自己的成长故事，引导学生成长成才，培育青年大学生社会主义核心价值观。

5. 影片教学。集中或各自线上观看电影《我和我的祖国》。

## 拓展阅读

阅读 2020 年 8 月 24 日习近平在经济社会领域专家座谈会上的讲话（《人民日报》2020 年 8 月 25 日）。阅读时，可采用分组分段领读并逐段分享阅读心得，或分组对全文片段予以交流分享。

# 巩固测验

## 一、选择题

1. 中国特色社会主义的总依据是（　　）。

A. 五位一体

B. 四个全面

C. 社会主义初级阶段

D. 四个自信

2.（　　）明确提出中国特色社会主义进入新时代。

A. 党的十六大

B. 党的十七大

C. 党的十八大

D. 党的十九大

3. 中国梦的内涵是（　　）。

A. 实现中华民族伟大复兴

B. 全面建成小康社会

C. 实现全体人民共同富裕

D. 走上共产主义道路

4. 2017 年 12 月，中央经济工作会议提出今后三年要重点抓好的全面建成小康社会的“三大攻坚战”不包括（　　）。

A. 防范化解重大风险攻坚战

B. 精准脱贫攻坚战

C. 污染防治攻坚战

D. 社会治理攻坚战

5. 党的十八大以来，党中央从坚持和发展中国特色社会主义全局出发，提出并形成了“四个全面”战略布局，这一战略布局不包括（　　）。

A. 全面深化改革

B. 全面从严治党

C. 全面依法治国

D. 全面脱贫攻坚

6. 党的十八届三中全会提出的全面深化改革的总目标是（　　）。

A. 完善和发展中国特色社会主义制度，推进国家治理体系和治理能力现代化

B. 实现中华民族的伟大复兴

C. 建设社会主义现代化国家

D. 满足人民的美好生活需要

7. 党的群众路线教育实践活动的主要内容是（　　）。

A. 为民、高效、清廉

B. 为民、务实、求真

C. 为民、务实、清正

D. 为民、务实、清廉

8. 党的十八届五中全会提出的新发展理念不包括（　　）。

A. 创新

B. 绿色

C. 自由

D. 开放

9. “四个意识”是指（　　）。

A. 政治意识、大局意识、核心意识、看齐意识

B. 政治意识、大局意识、核心意识、服务意识

C. 政治意识、大局意识、服务意识、看齐意识

D. 政治意识、服务意识、核心意识、看齐意识

## 二、简答题

1. 如何认识习近平新时代中国特色社会主义思想？

2. 党的十九大对新时代中国特色社会主义事业作出的战略安排是怎样的？

3. 伟大抗疫精神的内涵是什么？

4. “十四五”时期经济社会发展必须遵循的原则有哪些？

5. 明确习近平总书记核心地位的重要意义是什么？

## 参考答案

一、C D A D D A D C A

二、

1. 党的十八大以来，以习近平同志为核心的党中央从理论和实践结合上系统回答了新时代坚持和发展什么样的中国特色社会主义、怎样坚持和发展中国特色社会主义这个重大时代课题，回答了新时代坚持和发展中国特色社会主义的总目标、总任务、总体布局、战略布局和发展方向、发展方式、发展动力、战略步骤、外部条件、政治保证等基本问题，并且根据新的实践对经济、政治、法治、科技、文化、教育、民生、民族、宗教、社会、生态文明、国家安全、国防和军队、“一国两制”和祖国统一、统一战线、外交、党的建设等各方面作出理论分析和政策指导，创立了习近平新时代中国特色社会主义思想。

习近平新时代中国特色社会主义思想的核心内容是“十个明确”和“十四个坚持”，二者有机融合、有机统一，反映了以习近平同志为核心的党中央对中国特色社会主义规律性认识的深化，体现了理论与实际相结合、认识论和方法论相统一的鲜明特色。在新时代，要坚持好党的基本理论、基本路线、基本方略，推

动中国特色社会主义事业不断向前发展。

习近平新时代中国特色社会主义思想，是对马克思列宁主义、毛泽东思想、邓小平理论、“三个代表”重要思想、科学发展观的继承和发展，是马克思主义中国化最新成果，是党和人民实践经验和集体智慧的结晶，是中国特色社会主义理论体系的重要组成部分，是全党全国人民为实现中华民族伟大复兴而奋斗的行动指南，必须长期坚持并不断发展。

习近平新时代中国特色社会主义思想为发展马克思主义作出了原创性贡献。这一思想是不断发展的开放的理论，是在理论与实践相结合的基础上不断与时俱进的科学理论，在指导新时代伟大社会革命和伟大自我革命的历史进程中，随着中国特色社会主义伟大实践的深入推进而持续发展、不断丰富、更加完善。习近平强军思想、经济思想、外交思想、生态文明思想、法治思想是这一理论体系在相关领域的展开。实践永无止境，理论创新也永无止境，习近平新时代中国特色社会主义思想作为当代中国马克思主义、21世纪马克思主义，是中华文化和中国精神的时代精华，实现了马克思主义中国化新的飞跃。

2018年3月，十三届全国人大一次会议通过的宪法修正案，把习近平新时代中国特色社会主义思想载入宪法，实现了国家指导思想的与时俱进，反映了全国各族人民共同意志和全社会共同意愿。

2. 从全面建成小康社会到基本实现社会主义现代化，再到全面建成社会主义现代化强国，是新时代中国特色社会主义发展的战略安排。党的十九大综合分析国际国内形势和我国发展条件，将从2020年到21世纪中叶这30年的时间分为两个阶段来安排。

第一个阶段，从2020年到2035年，在全面建成小康社会的基础上，再奋斗15年，基本实现社会主义现代化。

第二个阶段，从2035年到21世纪中叶，在基本实现现代化的基础上，再奋斗15年，把我国建成富强民主文明和谐美丽的社会主义现代化强国。

3. 伟大抗疫精神的内涵是生命至上、举国同心、舍生忘死、尊重科学、命运与共。生命至上，集中体现了中国人民深厚的仁爱传统和中国共产党人以人民为中心的价值追求；举国同心，集中体现了中国人民万众一心、同甘共苦的团结伟力；舍生忘死，集中体现了中国人民敢于压倒一切困难而不被任何困难所压倒的顽强意志；尊重科学，集中体现了中国人民求真务实、开拓创新的实践品格；命运与共，集中体现了中国人民和衷共济、爱好和平的道义担当。伟大抗疫精神同中华民族长期形成的特质禀赋和文化基因一脉相承，是爱国主义、集体主义、社会主义精神的传承和发展，是中国精神的生动诠释，丰富了民族精神和时代精神的内涵。

4.（1）坚持党的全面领导。坚持和完善党领导经济社会发展的体制机制，坚持和完善中国特色社会主义制度，不断提高贯彻新发展理念、构建新发展格局能力和水平，为实现高质量发展提供根本保证。

（2）坚持以人民为中心。坚持人民主体地位，坚持共同富裕方向，始终做到发展为了人民、发展依靠人民、发展成果由人民共享，维护人民根本利益，激发全体人民积极性、主动性、创造性，促进社会公平，增进民生福祉，不断实现人民对美好生活的向往。

（3）坚持新发展理念。把新发展理念贯穿发展全过程和各领域，构建新发展格局，切实转变发展方式，推动质量变革、效率变革、动力变革，实现更高质量、更有效率、更加公平、更可持续、更为安全的发展。

（4）坚持深化改革开放。坚定不移推进改革，坚定不移扩大开放，加强国家治理体系和治理能力现代化建设，破除制约高质量发展、高品质生活的体制机制障碍，强化有利于提高资源配置效率、有利于调动全社会积极性的重大改革开放举措，持续增强发展动力和活力。

（5）坚持系统观念。加强前瞻性思考、全局性谋划、战略性布局、整体性推进，统筹国内国际两个大局，办好发展安全两件大事，坚持全国一盘棋，更好发挥中央、地方和各方面积极性，着力固根基、扬优势、补短板、强弱项，注重防范化解重大风险挑战，实现发展质量、结构、规模、速度、效益、安全相统一。

5.（1）在治国理政新实践中，习近平作为党、国家和军队的最高领导人，展现出坚定信仰信念、鲜明人民立场、非凡政治智慧、顽强意志品质、强烈历史担当、高超政治艺术，赢得了全党全军全国各族人民衷心拥护，受到了国际社会高度赞誉。

（2）习近平把握时代大趋势，回答实践新要求，顺应人民新期待，提出一系列重大思想观点，进一步丰富和发展了党的科学理论，为在新的历史起点上实现新的奋斗目标提供了基本遵循。

（3）在新的斗争实践中，习近平事实上已经成为党中央的核心、全党的核心。党内外形成一种普遍共识和强烈呼声：维护党中央权威和集中统一领导，必须明确和维护习近平在党中央、全党的核心地位。这是全党全国各族人民的共同愿望，是推进全面从严治党、提高党的创造力凝聚力战斗力的迫切要求，是保持党和国家事业发展正确方向的根本保证。党的十九大把习近平总书记党中央的核心、全党的核心地位写入党章。确立习近平的核心地位，是实践的选择、历史的选择，是全党的选择、人民的选择。

（4）习近平总书记成为党中央的核心、全党的核心，是众望所归、名副其实。坚决维护习近平总书记的核心地位，坚决维护党中央权威和集中统一领导，是党的十八大后的重大政治成果和宝贵经验，是全党在革命性锻造中形成的共同意志，对于更好地凝聚党和人民的力量，推进中国特色社会主义伟大事业和民族复兴大业，具有重大而深远的意义。